Cent poèmes d'un bestiaire enchanté

ISBN : 978-2-258-08016-4
Code éditeur : 541
Dépôt légal : octobre 2009
Imprimé en Espagne
Achevé d'imprimer en juillet 2009

Cent
poèmes d'un bestiaire enchanté

Albine Novarino-Pothier

omnibus

Avant-propos

Les poètes aiment les bêtes. De Ronsard à Roubaud, ils délaissent volontiers les zéphyrs et les nymphes pour regarder trotter la souris et picorer la poule. Le renard de La Fontaine, l'araignée de Hugo, le chat de Baudelaire, le condor de Leconte de Lisle, le pélican de Musset, force est de le constater : les animaux se promènent de rime en rime comme chez eux, depuis toujours. Dans chaque portrait, on discerne les traces de cet amour d'enfant que nous portons tous aux animaux, dont les poètes sont les interprètes inspirés. Un amour heureux, le plus souvent ; aussi la farandole est-elle gaie, et parfois drôle. Le jeu de mots y est à l'aise — « Et c'est seulement dans ses rêves / Que le crocodile croque Odile » — et la métaphore facétieuse — Une dinde ne sort jamais sans son ombrelle ! Même les pieds de nez sont autorisés, comme celui du hareng de Charles Cros.
Porte-parole des souvenirs d'enfance, les animaux sont aussi des allégories des passions humaines. On pense à La Fontaine bien sûr, mais il faut aussi citer le perroquet critique de Florian et la carpe mélancolique d'Apollinaire. Et ne pas oublier les génies que sont l'albatros-poète de Baudelaire et le loup stoïcien de Vigny … Le coq d'Aragon est investi d'un rôle plus grave encore : à lui seul il incarne l'épreuve et l'espoir d'un peuple sous le joug.
Il arrive parfois qu'un animal nourrisse une polémique qui rebondit de siècle en siècle ; la fourmi a ainsi trouvé des avocats inspirés, qui auraient obligé La Fontaine à se rétracter s'il avait pu les lire. Et Francis Jammes a visité le rat

des champs pour découvrir qu'il n'était pas si bien loti qu'il le disait à son ami des villes.

Mais au-delà des idées et des sentiments, goûtons simplement le plaisir de la musique… Crépite le cri d'or de la cigale… Grommelle, gueule et glaviote le cochon de Roubaud. Musique et danse. Des paysages entiers se déploient comme un ballet. Filent sous l'eau les bancs serrés de sardines argentées, descendent des collines les troupeaux de moutons, dans les parfums des cistes et des lavandes sauvages, ruminent les vaches assoupies dans le vert rassurant des prairies.

Somptueux et incongru cortège… Côte à côte voici nos animaux familiers, chiens, chats, chevaux, et d'autres qui le sont moins, panthère, vipère, tamanoir. Ensemble, ils forment un bestiaire enchanté qui a ses stars — la chenille, la grenouille, l'oie — et ses fans, car, comme il y a des peintres animaliers, il y a des poètes animaliers. Aussi des noms reviennent-ils plus que d'autres : Les *Histoires naturelles* de Jules Renard, les *Fables de mon jardin* de Georges Duhamel, et l'imprévu *Bestiaire* d'Apollinaire… A les lire, on est frappé de la parfaite harmonie qui règne dans ce mariage entre l'artiste et son sujet, et une idée vient, irrésistible : il se pourrait bien que les bêtes aiment les poètes.

Albine Novarino-Pothier, SEMUR-EN-BRIONNAIS, 6 FÉVRIER 2009

Sommaire

Abeille

Que j'envie, ô blondes abeilles,
Le sort que vous fit le destin,
Quand aux premiers feux du matin
Vous volez aux coupes vermeilles !

Comme vous allez vous baigner
Dans chaque goutte de rosée
Et sur toute plante irisée
De doux parfums vous imprégner !

Puis, ivres, vous vous reposez
Au sein de vos palais de cire
D'où montent des senteurs de myrrhe,
Comme des trépieds embrasés.

Jamais vous ne touchez nos franges.
La terre qui souille nos pas ;
Pour prendre vos joyeux ébats,
Vous empruntez des ailes d'anges...

Moïse-Joseph Marsile,

Epines et fleurs ou Passe-temps poétiques, 1889

L'aigle

L'aigle, c'est le génie ! Oiseau de la tempête,
Qui des monts les plus hauts cherche le plus haut faîte ;
Dont le cri fier, du jour chante l'ardent réveil ;
Qui ne souille jamais sa serre dans la fange,
Et dont l'œil flamboyant incessamment échange
Des éclairs avec le soleil.

Victor Hugo, ODES ET BALLADES, 1822

L'albatros

Souvent pour s'amuser, les hommes d'équipage
Prennent des albatros, vastes oiseaux des mers
Qui suivent, indolents compagnons de voyage,
Le navire glissant sur les gouffres amers.

A peine les ont-ils déposés sur les planches,
Que ces rois de l'azur, maladroits et honteux,
Laissent piteusement leurs grandes ailes blanches
Comme des avirons traîner à côté d'eux.

Ce voyageur ailé, comme il est gauche et veule !
Lui naguère si beau, qu'il est comique et laid !
L'un agace son bec avec un brûle-gueule,
L'autre mime, en boitant, l'infirme qui volait !

Le Poète est semblable au prince des nuées
Qui hante la tempête et se rit de l'archer ;
Exilé sur le sol au milieu des huées,
Ses ailes de géant l'empêchent de marcher.

Charles Baudelaire, LES FLEURS DU MAL, 1857

1

Ode
à l'alouette

Sitôt que tu es arrosée
Au point du jour de la rosée
Tu fais en l'air mille discours.
En l'air, des ailes, tu frétilles
Et pendue au ciel, tu babilles
Et contes au vent tes amours.

Pierre de Ronsard, ODES, 1552

J'aime l'âne si doux

J'aime l'âne si doux
marchant le long des houx.

Il prend garde aux abeilles
et bouge ses oreilles ;

Et il porte les pauvres
et des sacs remplis d'orge.

Il va près des fossés,
d'un petit pas cassé.

Mon amie le croit bête
parce qu'il est poète.

Il réfléchit toujours.
Ses yeux sont en velours. • • •

Jeune fille au doux cœur,
tu n'as pas sa douceur :

Car il est devant Dieu
l'âne doux du ciel bleu.

Et il reste à l'étable,
fatigué, misérable,

Ayant bien fatigué
ses pauvres petits pieds.

Il a fait son devoir
du matin jusqu'au soir.

Qu'as-tu fait jeune fille ?
Tu as tiré l'aiguille…

Mais l'âne s'est blessé :
la mouche l'a piqué.

Il a tant travaillé
que ça vous fait pitié.

Qu'as-tu mangé petite ?
— T'as mangé des cerises.

L'âne n'a pas eu d'orge
car le maître est trop pauvre.

Il a sucé la corde,
puis a dormi dans l'ombre...

La corde de ton cœur
n'a pas cette douceur.

Il est l'âne si doux
marchant le long des houx.

Francis Jammes,

De l'angélus de l'aube à l'angélus du soir, 1898

La grosse anguille

La grosse anguille est dans sa phase
Torpide : le soleil s'embrase.
Au fond de l'onde qui s'épande
Huileuse et chaude, elle se case
A la manière du serpent :
Repliée en anse de vase,
En forme de 8, en turban,
En S, en Z ; cela dépend
Des caprices de son extase.
Vers le soir, se désembourbant,
Dans son aquatique gymnase
Elle joue, elle va grimpant
De roche en roche, ou se suspend
Aux grandes herbes qu'elle écrase,
La grosse anguille.
L'air fraîchit, la lune se gaze ;
Moitié nageant, moitié rampant,
Alors elle chasse, elle rase
Sable, gravier, caillou coupant...
Gare à vous, goujonneau pimpant.
Gentil véron couleur topaze !
Voici l'ogresse de la vase,
La grosse anguille.

Maurice Rollinat, La Nature, 1882

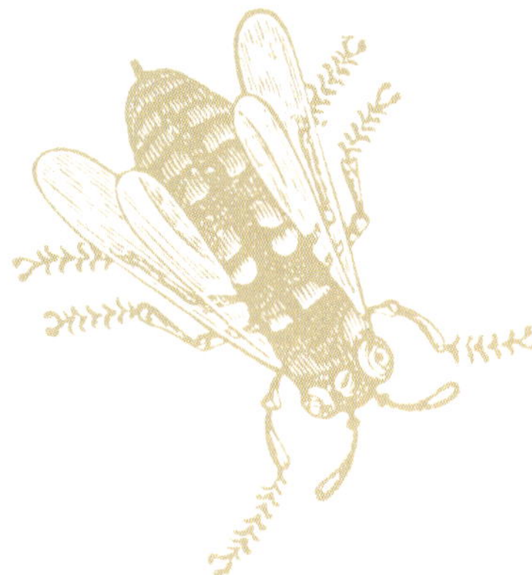

L'abeille et l'araignée

L'araignée au ventre blanc, au ventre rond comme une perle,
dînait d'une innocente abeille.
La terrible bête, à vrai dire, ne dévorait pas sa proie :
Elle l'avait saisie par la tête et sans doute paralysée.
Elle avait l'air de la boire, d'en pomper toute la substance à longs traits voluptueux.
Je me sentis d'abord sur le point de faire comme Robinson,
qui canarde les cannibales pour les empêcher de se tuer entre eux.
« — Misérable ! » dis-je à l'araignée.
Comment as-tu l'audace de t'abandonner sur mes yeux à cette passion dégoûtante ?
« — Mon cher monsieur, répondit l'araignée au ventre de perle,
il y a déjà dix minutes que la servante a sonné pour vous appeler à table.
Votre gigot sera froid. »
Comme je m'éloignais, déconfit, la bête se prit à rire. Elle criait, l'accent goguenard :
« Va donc ! Mangeur d'escargots ! Va donc ! Mangeur de grenouilles !
Mangeur de bêtes répugnantes ! Pouah ! Le vilain ! »

Georges Duhamel, FABLES DE MON JARDIN, 1936

J'aime l'araignée et j'aime l'ortie

J'aime l'araignée et j'aime l'ortie,
Parce qu'on les hait ;
Et que rien n'exauce et que tout châtie
Leur morne souhait ;

Parce qu'elles sont maudites, chétives,
Noirs êtres rampants ;
Parce qu'elles sont tristes captives
De leur guet-apens ;

Parce qu'elles sont prises dans leur œuvre ;
Ô sort ! fatals nœuds !
Parce que l'ortie est une couleuvre,
L'araignée un gueux ;

Parce qu'elles ont l'ombre des abîmes,
Parce qu'on les fuit,
Parce qu'elles sont toutes les deux victimes
De la sombre nuit…

Passants, faites grâce à la plante obscure,
Au pauvre animal.
Plaignez la laideur, plaignez la piqûre.
Oh ! plaignez le mal !

Il n'est rien qui n'ait sa mélancolie ;
Tout veut un baiser.
Dans leur fauve horreur, pour peu qu'on oublie
De les écraser,

Pour peu qu'on leur jette un œil moins superbe,
Tout bas, loin du jour,
La vilaine bête et la mauvaise herbe
Murmurent : Amour !

Victor Hugo, Les Contemplations, 1856

Ballade du vieux baudet

A Madame Jenny Vialon

En automne, à cette heure où le soir triomphant
Inonde à flots muets la campagne amaigrie,
Rien ne m'amusait plus, lorsque j'étais enfant,
Que d'aller chercher l'âne au fond d'une prairie
Et de le ramener jusqu'à son écurie.
En vain le vieux baudet sentait ses dents jaunir,
Ses sabots s'écailler, sa peau se racornir :
A ma vue il songeait aux galops de la veille,
Et parmi les chardons commençant à brunir
Il se mettait à braire et redressait l'oreille.

Alors je l'enfourchais et ma blouse en bouffant
Claquait comme un drapeau dans la bise en furie
Qui, par les chemins creux, tantôt m'ébouriffant,
Tantôt me suffoquant sous la nue assombrie.
Déchaînait contre moi toute sa soufflerie.
Quel train ! Parfois ayant grand'peine à me tenir,
J'aurais voulu descendre ou pouvoir aplanir
Ses reins coupants et d'une âpreté sans pareille ;
Mais lui, fier d'un jarret qui semblait rajeunir,
Il se mettait à braire et redressait l'oreille.

Nous allions ventre à terre, et l'églantier griffant,
Les ajoncs, les genêts, la hutte rabougrie,
Les mètres de cailloux, le chêne qui se fend,
La ruine, le roc, la barrière pourrie
Passaient et s'enfuyaient comme une songerie.
Et puis nous approchions : plus qu'un trot à fournir !
Dans l'ombre où tout venait se confondre et s'unir,
L'âne flairait l'étable avec son mur à treille,
Et sachant que sa course allait bientôt finir,
Il se mettait à braire et redressait l'oreille.

ENVOI

Du fond de ma tristesse entends-moi te bénir,
O mon passé ! — Je t'aime, et tout mon souvenir
Revoit le vieux baudet dans la brume vermeille,
Tel qu'autrefois, lorsqu'en me regardant venir
Il se mettait à braire et redressait l'oreille.

Maurice Rollinat, Les Névroses, 1883

La biche au bois

Les chasseurs sont absents ; la triste voix du cor
N'est plus, au fond des bois, qu'un écho de fanfare ;
Plus de galop brutal, de cheval qui s'effare,
Cassant les églantiers qui fleurissaient encor.

Pour le faisan qui veille et la grive qui dort,
C'est une douce trêve où le bonheur répare ;
Adieu la vérité de la chasse barbare :
La fable bienfaisante a repris le décor.

Entre les églantiers tout pavoisés de roses,
Le cerf a des yeux d'or qui regardent les choses.
Et la biche est si féminine que, parfois,

On croit qu'elle n'est pas une biche sans cesse,
Et que, la nuit peut-être, elle est cette princesse
Qui, le jour seulement, devenait biche au bois.

Rosemonde Gérard, LES PIPEAUX, 1923

La mort du bœuf

A Alfred Poizat

L'un des deux compagnons est mort, et l'autre pleure,
Et le soc inactif se rouille, et les vallons
Retentissent d'échos douloureusement longs,
Et comme un glas discret, par instants, sonne l'heure.

Les jougs, où s'accouplaient leurs larges fronts jumeaux,
Gisent abandonnés, stupides, presque mornes ;
Et le maître est pensif, qui décorait leurs cornes,
Quand ils rentraient, le soir, de fleurs et de rameaux.

Œil hagard, souffle court, poitrine haletante,
Le compagnon vivant, plein d'effrois ignorés
Sent l'angoisse et l'horreur l'envahir par degrés,
Et beugle sans répit, las d'une vaine attente.

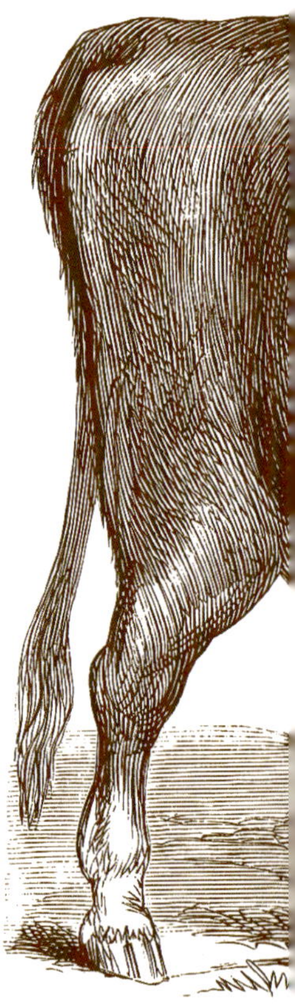

Il a vu passer l'ombre immense du trépas,
Et, bien que le bouvier ait garni l'ample crèche
De feuilles de maïs et de luzerne fraîche,
Le bœuf épouvanté songe et ne mange pas ;

Et la bête massive au regard lamentable,
Dont rien n'a consolé le sublime tourment,
Flaire de tous côtés mélancoliquement
L'âme obscure du frère éparse dans l'étable.

Léonce Depont, PÈLERINAGES, 1902

Le bouc

Son odeur le précède. On ne le voit pas encore qu'elle est arrivée.
Il s'avance en tête du troupeau et les brebis le suivent,
pêle-mêle, dans un nuage de poussière.
Il a des poils longs et secs qu'une raie partage sur le dos.
Il est moins fier de sa barbe que de sa taille, parce que la chèvre
aussi porte une barbe sous le menton.
Quand il passe, les uns se bouchent le nez, les autres aiment ce goût-là.
Il ne regarde ni à droite ni à gauche : il marche raide, les oreilles pointues
et la queue courte. Si les hommes l'ont chargé de leurs péchés,
il n'en sait rien, et il laisse, sérieux, tomber un chapelet de crottes.
Alexandre est son nom, connu même des chiens.
La journée finie, le soleil disparu, il rentre au village,
avec les moissonneurs, et ses cornes, fléchissant de vieillesse,
prennent peu à peu la courbe des faucilles.

Jules Renard, HISTOIRES NATURELLES, 1896

O caille, belle caille

O caille, belle caille
  où est ton nid ?

Là-haut sur la montagne
  au-delà du ruisseau !

O caille, belle caille
  de quoi l'as-tu bâti ?

De feuilles, de branchettes,
  et de ronces aussi !

O caille, belle caille
  qu'est-ce qu'il y a dedans ?

O caille, belle caille
  qu'ils sont jolis !

Ils sont tachés de picailles
  blanc et marron !

O caille, belle caille
  faisons un nid !

Je ne quitte pas mon rocher
  et mon bon nid !

O caille, belle caille
  il sera plus neuf !

Je ne quitte pas ma broussaille
  je garde mes œufs jolis !

Anonyme, POÉSIE POPULAIRE, XVIIe SIÈCLE

Le canard et les poussins

Semblable à quelque béquillard,
Cahin-caha (peut-être était-il en retard ?)
Un canard se hâtait dans la cour de la ferme ;
Il n'y a pas un autre terme,
Ce canard marchait en canard.
De jeunes poussins goguenards,
En le voyant passer se moquent et le clabaudent,
Et sur lui font des gorges chaudes :
— Croyez-vous qu'il tend le jarret,
Quelle prestance !
Quelle élégance !...
Vraiment, à le voir, on dirait,
Tant son allure est magnifique,
Le Suisse de l'église imposant et cambré,
Ou le tambour-major, en avant de la clique,
Quand sur son pas chacun s'applique
A régler
Un beau défilé !...

Ainsi donc se gaussaient tous nos écervelés.
Et l'un deux, plus hardi, que le désir possède
De faire ici le plaisantin,
Et, pour briller aux yeux du reste des poussins
(Sans doute était-il du sexe féminin ?),
De leur donner cet intermède.
Du palmipède
Qui le précède,
Voici qu'il emboîte le pas,
Et s'attache,
Cahin-caha,
A contrefaire la démarche.
Le canard sagement a feint
De ne s'apercevoir de rien ;
Du manège insolent du petit comédien.
Si, à part lui, il se fâche,
Il le cache,
Et gravement, d'un air absorbé et pressé,
Il continue à s'avancer.
L'autre, par le succès grisé, —
Car les poussins et les poussines,
En les voyant qui se dandine,
Ne se font faute de glousser, —
N'a garde de cesser
Ses mines,

Suit le canard, en le singeant, sans se lasser.
Tous deux, l'un par-devant et l'autre par-derrière,
Sont parvenus ainsi jusques à la rivière,
Où le canard prend son élan ;
Le poussin pense en faire en autant
Et veut le suivre encor sur la liquide voie ;
Il saute, et puis barbote un instant, et se noie, —
Tandis que le canard, doucement, en nageant,
Glisse, et laisse après lui un sillage d'argent...
Attendons, pour juger les gens,
Que dans leur élément véritable on les voie.

Franc-Nohain, FABLES, 1921

La carpe

Dans vos viviers, dans vos étangs,
Carpes, que vous vivez longtemps !
Est-ce que la mort vous oublie,
Poissons de la mélancolie ?

Guillaume Apollinaire,

ALCOOLS, LE BESTIAIRE, *VITAM IMPENDERE AMORI,* 1956

La carpe et les carpillons

« Prenez garde, mes fils, côtoyez moins le bord,
Suivez le fond de la rivière ;
Craignez la ligne meurtrière
Ou l'épervier plus dangereux encor. »
C'est ainsi que parlait une carpe de Seine
A de jeunes poissons qui l'écoutaient à peine.
C'était au mois d'avril ; les neiges, les glaçons
Fondus par les zéphyrs descendaient des montagnes ;
Le fleuve enflé par eux s'élève à gros bouillons,
Et déborde dans les campagnes.
« Ah ! ah ! criaient les carpillons,
Qu'en dis-tu, carpe radoteuse ?
Crains-tu pour nous les hameçons ?
Nous voilà citoyens de la mer orageuse ;
Regarde : on ne voit plus que les eaux et le ciel ;
Les arbres sont cachés sous l'onde ;
Nous sommes les maîtres du monde ;
C'est le déluge universel. »
« Ne croyez pas cela, répond la vieille mère ;
Pour que l'eau se retire, il ne faut qu'un instant :
Ne vous éloignez point, et, de peur d'accident,
Suivez, suivez toujours le fond de la rivière. »
« Bah ! disent les poissons, tu répètes toujours
Même discours.
Adieu, nous allons voir notre nouveau domaine. »
Parlant ainsi, nos étourdis
Sortent tous du lit de la Seine,
Et s'en vont dans les eaux qui couvrent le pays.
Qu'arriva-t-il ? les eaux se retirèrent,
Et les carpillons demeurèrent ;
Bientôt ils furent pris
Et frits.

Jean-Pierre Claris de Florian, FABLES, LIVRE I, 1792

Le cerf

J'entrai au bois par un bout de l'allée, comme il arrivait par l'autre bout.

Je crus d'abord qu'une personne étrangère s'avançait avec une plante sur la tête.

Puis je distinguai le petit arbre nain, aux branches écartées et sans feuilles.

Enfin le cerf apparut net et nous nous arrêtâmes tous deux.

Je lui dis :

— Approche. Ne crains rien.

Si j'ai un fusil, c'est par contenance, pour imiter les hommes qui se prennent au sérieux.

Je ne m'en sers jamais et je laisse ses cartouches dans leur tiroir.

Le cerf écoutait et flairait mes paroles. Dès que je me tus, il n'hésita point ;

ses jambes remuèrent comme des tiges qu'un souffle d'air croise et décroise.

Il s'enfuit.

— Quel dommage ! lui criai-je. Je rêvais déjà que nous faisions route ensemble.

Moi, je t'offrais, de ma main, les herbes que tu aimes, et toi, d'un pas de promenade,

tu portais mon fusil couché sur ta ramure.

Jules Renard, Histoires naturelles, 1896

Les chats

Les amoureux fervents et les savants austères
Aiment également, dans leur mûre saison,
Les chats puissants et doux, orgueil de la maison,
Qui comme eux sont frileux et comme eux sédentaires.

Amis de la science et de la volupté,
Ils cherchent le silence et l'horreur des ténèbres ;
L'Erèbe les eût pris pour ses coursiers funèbres,
S'ils pouvaient au servage incliner leur fierté.

Ils prennent en songeant les nobles attitudes
Des grands sphinx allongés au fond des solitudes,
Qui semblent s'endormir dans un rêve sans fin ;

Leurs reins sont pleins d'étincelles magiques,
Et des parcelles d'or, ainsi qu'un sable fin,
Etoilent vaguement leurs prunelles mystiques.

Charles Baudelaire, LES FLEURS DU MAL, 1857

Chanson de la petite chauve-souris

Dans le ciel d'orange et de rose
La lune à deux cornes a luit.
Ce soir délicieux m'étonne et me repose…

Une petite chauve-souris
Vient visiter sans aucun bruit
Le jardin respirant le miel des lauriers-roses.

Un chariot là-bas fait un merveilleux cri
Et tout arbre s'adonne à sa métamorphose…

Dans le ciel d'orange et de rose
La lune à deux cornes a luit…

Louis Codet, POÈMES ET CHANSONS, 1926

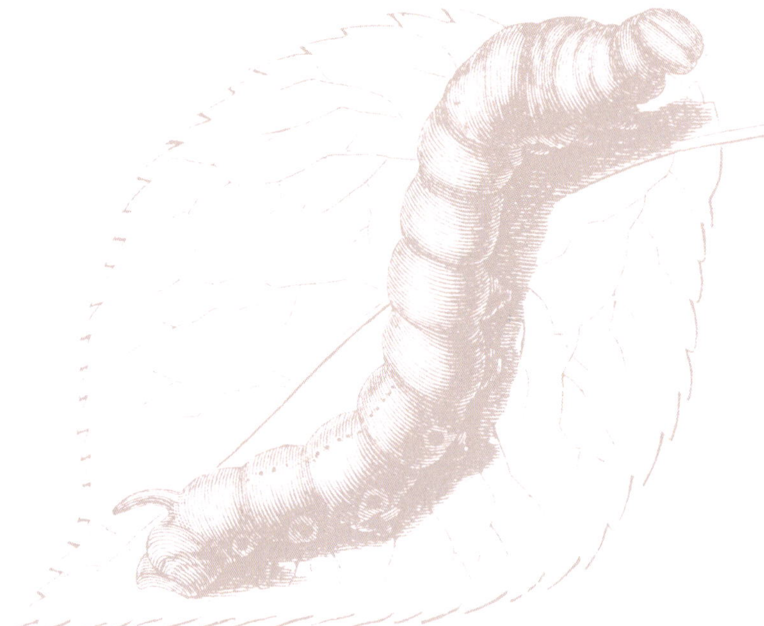

La chenille

Le travail mène à la richesse.
Pauvres poètes, travaillons !
La chenille en peinant sans cesse
Devient le riche papillon.

Guillaume Apollinaire,
ALCOOLS, LE BESTIAIRE, *VITAM IMPENDERE AMORI*, 1956

La chenille

Un jour, causant entre eux, différents animaux
Louaient beaucoup le ver à soie.
« Quel talent, disaient-ils, cet insecte déploie
En composant ces fils si doux, si fins, si beaux
Qui de l'homme font la richesse ! »
Tous vantaient son travail, exaltaient son adresse.
Une chenille seule y trouvait des défauts,
Aux animaux surpris en faisait la critique,
Disait des *mais* et puis des *si*.
Un renard s'écria : « Messieurs, cela s'explique,
C'est que Madame file aussi. »

Jean-Pierre Claris de Florian, FABLES, LIVRE III, 1792

Complainte du petit cheval blanc

Le petit cheval dans le mauvais temps, qu'il avait donc du courage !
C'était un petit cheval blanc, tous derrière et lui devant.

Il n'y avait jamais de beau temps dans ce pauvre paysage.
Il n'y avait jamais de printemps, ni derrière ni devant.

Mais toujours il était content, menant les gars du village,
A travers la pluie noire des champs, tous derrière et lui devant.

Sa voiture allait poursuivant sa belle petite queue sauvage.
C'est alors qu'il était content, eux derrière et lui devant.

Mais un jour, dans le mauvais temps, un jour qu'il était si sage,
Il est mort par un éclair blanc, tous derrière et lui devant.

Il est mort sans voir le beau temps, qu'il avait donc du courage !
Il est mort sans voir le printemps ni derrière ni devant.

Paul Fort, Ballades françaises, 1896-1958

Chèvres de Provence

Or, si la Normandie a les bœufs, la Provence
Garde aux flancs de ses monts les chèvres en troupeaux,
Les chèvres dont le pied, libre et hardi, s'avance,
Et dont l'humeur sans frein ne veut pas de repos.

La montagne au soleil, où croissent pêle-mêle
Cytise et romarin, lavande et serpolet,
Enfle de mille sucs leur bleuâtre mamelle ;
On boit tous ses parfums quand on boit de leur lait.

Tandis qu'assis au pied de quelque térébinthe,
Le pâtre insoucieux chante un air des vieux jours,
Elles, dont le collier par intervalle tinte,
Vont et viennent sans cesse et font mille détours.

Joseph Autran, Sonnets capricieux, 1873

Chien et os

Je suis un chien qui ronge l'os
En le rongeant je prends mon repos
Un temps viendra qui n'est pas venu
Que je mordrai qui m'aura mordu.

Timothée Roussel, XVIIe siècle

Un ami d'enfance

… Je me souviens

D'avoir eu pour ami, dans mon enfance, un chien,
Une levrette blanche, au museau de gazelle,
Au poil ondé de soie, au cou de tourterelle,
A l'œil profond et doux comme un regard humain ;
Elle n'avait jamais mangé que dans ma main,
Répondu qu'à ma voix, couru que sur ma trace,
Dormi que sur mes pieds, ni flairé que ma place.
Quand je sortais tout seul et qu'elle demeurait,
Tout le temps que j'étais dehors, elle pleurait ;
Pour me voir de plus loin, aller ou reparaître,
Elle sautait d'un bond au bord de ma fenêtre,
Et, les deux pieds collés contre les froids carreaux,
Regardait tout le jour à travers les vitraux ;
Ou, parcourant ma chambre, elle y cherchait encore
La trace, l'ombre au moins du maître qu'elle adore,
Le dernier vêtement dont je m'étais couvert,
Ma plume, mon manteau, mon livre encore ouvert,
Et, l'oreille dressée au vent pour mieux m'entendre,
Se couchant à côté, passait l'heure à m'attendre.

Alphone de Lamartine, JOCELYN, 1836

Comptine de la chouette

C'est la chouett qui crie la nuit :
Faut lui fair quitter l'pays.
Faut la mettr sur un bateau.
Sur un bateau qui s'enfuit !
C'est la chouett qui crie la nuit
Faut pas dir son nom d'oiseau.

Comptine grecque anonyme,

ANTHOLOGIE DE LA POÉSIE GRECQUE, 1950

Les cigales

Ivre d'azur, d'aromes lourds, du vent qui brûle,
Vibration métallique du ciel ardent,
Crépite le cri d'or, inlassable et strident,
Des cigales parmi les pins du crépuscule.

Sur la lande déserte où la clarté recule
Par-delà les bois noirs qui barrent l'Occident,
Ce chant, comme un bruit vif de flamme dans le vent,
Couvre un pas cadencé par des grelots de mules.

Puis le vent meurt avec la voix du muletier.
Le soleil, rouge, tombe au bout du long sentier.
Un instant les grands pins demeurent immobiles,

Mais, inlassablement, dans le silence lourd,
Crépite le cri d'or sur les sables stériles,
Parmi l'espace aride où meurt enfin le jour...

Emmanuel Delbousquet, EGLOGUES, 1897

Ce que dit le cochon

Pour parler, dit le cochon,
ce que j'aime c'est les mots porqs :
glaviot grumeau gueule grommelle
chafouin pacha épluchure
mâchon moche miches chameau
empoté chouxgras polisson.
J'aime les mots gras et porcins :
jujube pechblende pépère
compost lardon chouraver
bouillaque tambouille couenne
navet vase chose choucroute.
Je n'aime pas trop potiron
et pas du tout arc-en-ciel.
Ces bons mots je me les fourre sous le groin
et ça fait un poëme de porq.

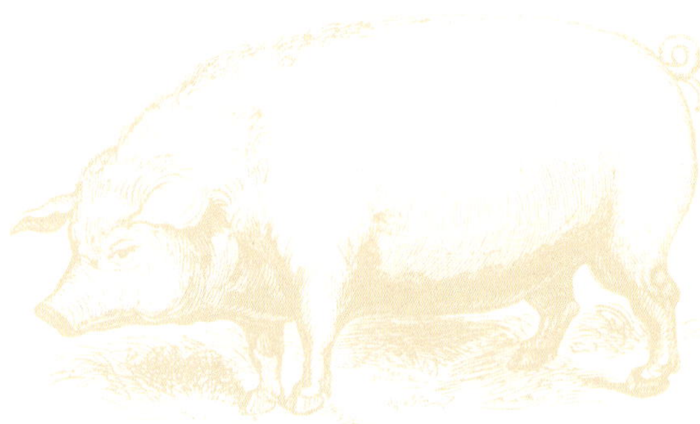

Jacques Roubaud, LES ANIMAUX DE TOUT LE MONDE, 1983

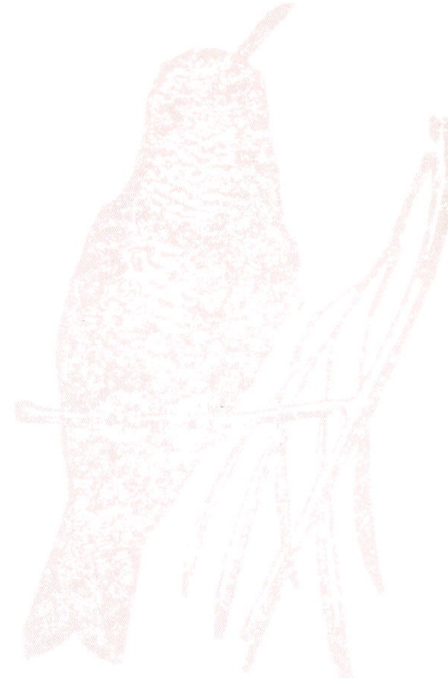

Le colibri

Le vert colibri, le roi des collines,
Voyant la rosée et le soleil clair
Luire dans son nid tissé d'herbes fines,
Comme un frais rayon s'échappe dans l'air.

Il se hâte et vole aux sources voisines
Où les bambous font le bruit de la mer,
Où l'açoka rouge, aux odeurs divines,
S'ouvre et porte au cœur un humide éclair.

Vers la fleur dorée il descend, se pose,
Et boit tant d'amour dans la coupe rose,
Qu'il meurt, ne sachant s'il l'a pu tarir.

Sur ta lèvre pure, ô ma bien-aimée,
Telle aussi mon âme eût voulu mourir
Du premier baiser qui l'a parfumée !

Charles Marie Leconte de Lisle,

POÈMES BARBARES, 1862

La colombe et toi

Par-dessus le lac bleu la colombe s'envole
Au pays charmant des amours sans fin
Et ce lac, c'est le gouffre où mon cœur se désole
Et l'oiseau, c'est toi que j'appelle en vain.

André Van Hasselt, Nouvelles études rythmiques, 1872

Les colombes

Sur le coteau, là-bas où sont les tombes,
Un beau palmier, comme un panache vert,
Dresse sa tête où le soir les colombes
Viennent nicher et se mettre à couvert.

Mais le matin elles quittent les branches :
Comme un collier qui s'égrène, on les voit
S'éparpiller dans l'air bleu, toutes blanches,
Et se poser plus loin sur quelque toit.

Mon âme est l'arbre où tous les soirs, comme elles,
De blancs essaims de folles visions
Tombent des cieux, en palpitant des ailes,
Pour s'envoler dès les premiers rayons.

Théophile Gautier,

LA COMÉDIE DE LA MORT ET POÉSIES DIVERSES, 1838

Le sommeil du condor

Par-delà l'escalier des raides Cordillères,
Par-delà les brouillards hantés des aigles noirs,
Plus haut que les sommets creusés en entonnoirs
Où bout le flux sanglant des laves familières,
L'envergure pendante et rouge par endroits,
Le vaste Oiseau, tout plein d'une morne indolence,
Regarde l'Amérique et l'espace en silence,
Et le sombre soleil qui meurt dans ses yeux froids.
La nuit roule de l'Est, où les pampas sauvages
Sous les monts étagés s'élargissent sans fin ;
Elle endort le Chili, les villes, les rivages,
Et la mer Pacifique et l'horizon divin ;
Du continent muet elle s'est emparée :
Des sables aux coteaux, des gorges aux versants,
De cime en cime, elle enfle, en tourbillons croissants,
Le lourd débordement de sa haute marée.
Lui, comme un spectre, seul, au front du pic altier,
Baigné d'une lueur qui saigne sur la neige,
Il attend cette mer sinistre qui l'assiège :
Elle arrive, déferle, et le couvre en entier.
Dans l'abîme sans fond la Croix australe allume
Sur les côtes du ciel son phare constellé.
Il râle de plaisir, il agite sa plume,
Il érige son cou musculeux et pelé,
Il s'enlève en fouettant l'âpre neige des Andes,
Dans un cri rauque il monte où n'atteint pas le vent,
Et, loin du globe noir, loin de l'astre vivant,
Il dort dans l'air glacé, les ailes toutes grandes.

Charles Marie Leconte de Lisle, Poèmes barbares, 186

Coq

Oiseau de fer qui dit le vent
Oiseau qui chante au jour levant
Oiseau bel oiseau querelleur
Oiseau plus fort que nos malheurs
Oiseau sur l'église et l'auvent
Oiseau de France comme avant
Oiseau de toutes les couleurs.

Louis Aragon, Le Nouveau Crève-cœur, 1948

Le coq et le renard

Sur la branche d'un arbre était en sentinelle
Un vieux coq adroit et matois.
« Frère, dit un renard, adoucissant sa voix,
Nous ne sommes plus en querelle ;
Paix générale cette fois.
Je viens te l'annoncer ; descends, que je t'embrasse.
Ne me retarde point, de grâce ;
Je dois faire aujourd'hui vingt postes sans manquer.
Les tiens et toi pouvez vaquer,
Sans nulle crainte, à vos affaires ;
Nous vous y servirons en frères.
Faites-en les feux dès ce soir,
Et cependant viens recevoir
Le baiser d'amour fraternelle.
— Ami, reprit le coq, je ne pouvais jamais
Apprendre une plus douce et meilleure nouvelle
Que celle
De cette paix ;
Et ce m'est une double joie
De la tenir de toi. Je vois deux lévriers,
Qui, je m'assure, sont courriers
Que pour ce sujet on envoie :
Ils vont vite, et seront dans un moment à nous.
Je descends : nous pourrons nous entre-baiser tous.
— Adieu, dit le renard, ma traite est longue à faire,
Nous nous réjouirons du succès de l'affaire
Une autre fois. » Le galant aussitôt
Tire ses grègues, gagne au haut,
Mal content de son stratagème.
Et notre vieux coq en soi-même
Se mit à rire de sa peur ;
Car c'est double plaisir de tromper le trompeur.

Jean de La Fontaine, Fables, Livre II, 1668

Les corbeaux

Les corbeaux volent en croassant
Tout autour du vieux donjon qui penche ;
Sur le chaume plat comme une planche
Ils se sont abattus plus de cent.

Un deuil inexprimable descend
Des arbres qui n'ont plus une branche.
Les corbeaux volent en croassant
Tout autour du vieux donjon qui penche.

Et tandis que j'erre en frémissant
Dans le brouillard où mon spleen s'épanche,
Tout noirs sur la neige toute neige blanche,
Avides de charogne et de sang,
Les corbeaux volent en croassant.

Deux bluets par la brume entrevus dans un pré
Me rappellent ces yeux brillant sous la violette,
Ces yeux de courtisane admirant sa toilette
Avec je ne sais quoi d'infiniment navré.

Ma passion jalouse y buvait sans alarmes,
Mon âme longuement s'y venait regarder,
Car ces magiques yeux avaient pour se farder
Le bistre du plaisir et la pâleur des larmes !...

Maurice Rollinat, DANS LES BRANDES, 1877

Le crapaud

Né d'une pierre, il vit sous une pierre et s'y creusera un tombeau.

Je le visite fréquemment, et chaque fois que je lève la pierre, j'ai peur de le retrouver et peur qu'il n'y soit plus.

Il y est.

Caché dans ce gîte sec, propre, étroit, bien à lui, il l'occupe pleinement, gonflé comme une bourse d'avare.

Qu'une pluie le fasse sortir, il vient au-devant de moi.

Quelques sauts lourds, et il me regarde de ses yeux rougis.

Si le monde injuste le traite en lépreux, je ne crains pas de m'accroupir près de lui et d'approcher du sien mon visage d'homme.

Puis je dompterai un reste de dégoût, et je te caresserai de ma main, crapaud !

On en avale dans la vie qui font plus mal au cœur.

Pourtant, hier, j'ai manqué de tact. Il fermentait et suintait, toutes ses verrues crevées.

— Mon pauvre ami, lui dis-je, je ne veux pas te faire de peine, mais, Dieu ! Que tu es laid !

Il ouvrit sa bouche puérile et sans dents, à l'haleine chaude, et me répondit avec un léger accent anglais :

— Et toi ?

Jules Renard, HISTOIRES NATURELLES, 1896

Le crocodile

Le crocodile n'a qu'une idée
Il voudrait dévorer Odile
Qui habite près de son domicile
Elle est tendre et dodue à souhait

Le crocodile est obsédé
« Ça devrait pas être difficile
Pense-t-il, d'attraper cette fille »
(il emploie la méthode Coué)

Mais Odile qui n'est pas sotte
Ne s'approche pas de la flotte
Elle se promène sur la grève

Mangeant des beignets de banane au mil
Et c'est seulement dans ses rêves
Que le crocodile croque Odile.

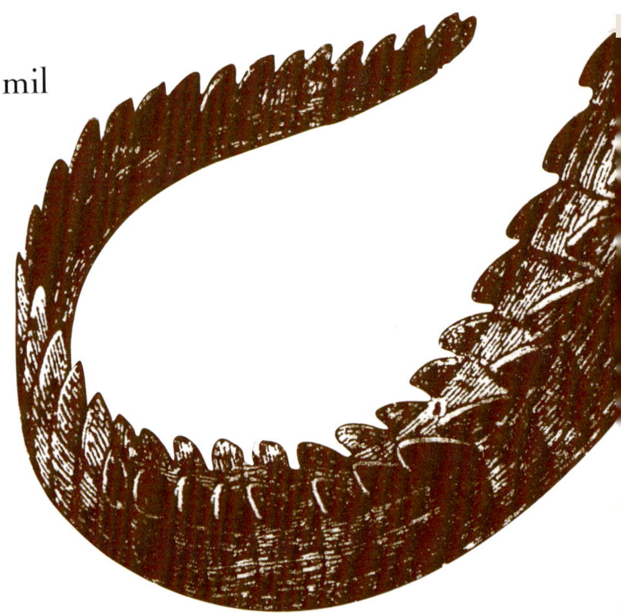

Jacques Roubaud, Les Animaux de tout le monde, 1983

Les mains

Comme deux cygnes blancs, l'un vers l'autre nageant,
Deux voiles sur la mer fondant leurs pâleurs mates,
Livrez vos mains à l'eau dans les bassins d'argent,
Préparez-leur le linge avec les aromates.

Germain Nouveau, Derniers vers, 1885

Fantaisies d'hiver

Dans le bassin des Tuileries
Le cygne s'est pris en nageant,
Et les arbres, comme aux féeries,
Sont en filigrane d'argent.

Théophile Gautier, EMAUX ET CAMÉES, 1852

Dindes

I

Elle se pavane au milieu de la cour, comme si elle vivait sous l'Ancien Régime.

Les autres volailles ne font que manger toujours, n'importe quoi.

Elle, entre ses repas réguliers, ne se préoccupe que d'avoir bel air.

Toutes ses plumes sont empesées et les pointes de ses ailes raient le sol, comme pour tracer la route qu'elle suit : c'est là qu'elle s'avance et non ailleurs.

Elle se rengorge tant qu'elle ne voit jamais ses pattes.

Elle ne doute de personne, et, dès que je m'approche, elle s'imagine que je veux lui rendre mes hommages.

Déjà elle glougloute d'orgueil.

— Noble dinde, lui dis-je, si vous étiez une oie, j'écrirais votre éloge, comme le fit Buffon, avec une de vos plumes. Mais vous n'êtes qu'une dinde…

J'ai dû la vexer, car le sang monte à sa tête. Des grappes de colère lui pendent au bec. Elle a une crise de rouge. Elle fait claquer d'un coup sec l'éventail de sa queue et cette vieille chipie me tourne le dos.

II

Sur la route, voici encore le pensionnat des dindes.

Chaque jour, quelque temps qu'il fasse, elles se promènent.

Elles ne craignent ni la pluie, personne ne se retrousse mieux qu'une dinde, ni le soleil, une dinde ne sort jamais sans son ombrelle.

Jules Renard, Histoires naturelles, 1896

Dromadaire d'abécédaire

Que je t'aimais, cher dromadaire
Ornant mon simple abécédaire !
Méhariste sans peur, juché sur ton dos nu,
En rêve, j'ai franchi des déserts inconnus.

Armand Got, Bestival, 1962

L'écureuil

— Ecureuil du printemps, écureuil de l'été, qui
domine la terre avec vivacité, que penses-tu là-haut de notre humanité ?
— Les hommes sont des fous qui manquent de gaîté.
— Ecureuil, queue touffue, doré trésor des bois, ornement
de la vie et fleur de la nature, juché sur ton pin vert, dis-nous ce que tu vois ?
— La terre qui poudroie sous des pas qui murmurent.
— Ecureuil voltigeant, frère du pic bavard, cousin du rossignol, ami
de la corneille, dis-nous ce que tu vois par-delà nos brouillards ?
— Des lances, des fusils menacer le soleil...
— Ecureuil aux yeux vifs, pétillants, noirs et beaux, humant la sève d'or,
la pomme entre tes pattes, que vois-tu sur la plaine autour de nos hameaux ?
— Monter le lac de sang des hommes qui se battent.
— Ecureuil de l'automne, écureuil de l'hiver, qui lance vers l'azur,
avec tant de gaîté, ces pommes...
Que vois-tu ?
— Demain tout comme hier.
Les hommes sont des fous et pour l'éternité.

Paul Fort, BALLADES FRANÇAISES, 1896-1958

Les éléphants

Le sable rouge est comme une mer sans limite,
Et qui flambe, muette, affaissée en son lit.
Une ondulation immobile remplit
L'horizon aux vapeurs de cuivre où l'homme habite.

Nulle vie et nul bruit. Tous les lions repus
Dorment au fond de l'antre éloigné de cent lieues,
Et la girafe boit dans les fontaines bleues,
Là-bas, sous les dattiers des panthères connus.

Pas un oiseau ne passe en fouettant de son aile
L'air épais, où circule un immense soleil.
Parfois quelque boa, chauffé dans son sommeil,
Fait onduler son dos dont l'écaille étincelle.

Tel l'espace enflammé brûle sous les cieux clairs.
Mais, tandis que tout dort aux mornes solitudes,
Les éléphants rugueux, voyageurs lents et rudes
Vont au pays natal à travers les déserts.

D'un point de l'horizon, comme des masses brunes,
Ils viennent, soulevant la poussière, et l'on voit,
Pour ne point dévier du chemin le plus droit,
Sous leur pied large et sûr crouler au loin les dunes.

Celui qui tient la tête est un vieux chef. Son corps
Est gercé comme un tronc que le temps ronge et mine ;
Sa tête est comme un roc, et l'arc de son échine
Se voûte puissamment à ses moindres efforts.
Sans ralentir jamais et sans hâter sa marche,
Il guide au but certain ses compagnons poudreux ;
Et, creusant par-derrière un sillon sablonneux,
Les pèlerins massifs suivent leur patriarche.

L'oreille en éventail, la trompe entre les dents,
Ils cheminent, l'œil clos. Leur ventre bat et fume,
Et leur sueur dans l'air embrasé monte en brume ;
Et bourdonnent autour mille insectes ardents.

Mais qu'importent la soif et la mouche vorace,
Et le soleil cuisant leur dos noir et plissé ?
Ils rêvent en marchant du pays délaissé,
Des forêts de figuiers où s'abrita leur race.

Ils reverront le fleuve échappé des grands monts,
Où nage en mugissant l'hippopotame énorme,
Où, blanchis par la Lune et projetant leur forme,
Ils descendaient pour boire en écrasant les joncs.

Aussi, pleins de courage et de lenteur, ils passent
Comme une ligne noire, au sable illimité ;
Et le désert reprend son immobilité
Quand les lourds voyageurs à l'horizon s'effacent.

Charles Marie Leconte de Lisle,

Poèmes barbares, 1862

L'épervier

Il décrit d'abord des ronds sur le village.

Il n'était qu'une mouche, un grain de suie.

Il grossit à mesure que son vol se resserre.

Parfois il demeure immobile. Les volailles donnent des signes d'inquiétude.

Les pigeons rentrent au toit.

Une poule, d'un cri bref, rappelle ses petits, et on entend cacarder

les oies vigilantes d'une basse-cour à l'autre.

L'épervier hésite et plane à la même hauteur. Peut-être n'en veut-il qu'au coq du clocher.

On le croirait pendu au ciel, par un fil.

Brusquement le fil casse, l'épervier tombe, sa victime choisie.

C'est l'heure d'un drame ici-bas.

Mais, à la surprise générale, il s'arrête avant de toucher terre,

comme s'il manquait de poids, et il remonte d'un coup d'aile.

Il a vu que je le guette de ma porte, et que je cache,

derrière moi, quelque chose de long qui brille.

Jules Renard, HISTOIRES NATURELLES, 1896

L'escargot

I

Casanier dans la saison des rhumes, son cou de girafe rentré, l'escargot bout comme un nez plein.

Il se promène dès les beaux jours, mais il ne sait marcher que sur la langue.

II

Mon petit camarade Abel jouait avec ses escargots.

Il en élève une pleine boîte et il a soin, pour les reconnaître, de numéroter au crayon la coquille.

S'il fait trop sec, les escargots dorment dans la boîte.

Dès que la pluie menace, Abel les aligne dehors, et si elle tarde à tomber, il les réveille en versant dessus un pot d'eau. Et tous, sauf les mères qui couvent, dit-il, au fond de la boîte, se promènent sous la garde d'un chien appelé Barbare et qui est une lame de plomb qu'Abel pousse du doigt.

Comme je causais avec lui du mal que donne leur dressage, je m'aperçus qu'il me faisait signe que non, même quand il me répondait oui.

— Abel, lui dis-je, pourquoi ta tête remue-t-elle ainsi de droite et de gauche ?

— C'est mon sucre, dit Abel.

— Quel sucre ?

— Tiens, là.

Tandis qu'à quatre pattes il ramenait le numéro 8 près de s'égarer, je vis au cou d'Abel, entre la peau et la chemise, un morceau de sucre qui pendait à un fil, comme une médaille.

— Maman me l'attache, dit-il, quand elle veut me punir.

— Ça te gêne ?

— Ça gratte.

— Et ça cuit, hein ! c'est tout rouge.

— Mais quand elle me pardonne, dit Abel, je le mange.

Jules Renard, Histoires naturelles, 1896

Le faisan doré

Quand le Faisan doré courtise sa femelle,
Et fait, pour l'éblouir, la roue, il étincelle
De feux plus chatoyants qu'un oiseau de vitrail.
Dressant sa huppe d'or, hérissant son camail
Couleur d'aube et zébré de rayures d'ébène,
Gonflant suri plastron rouge ardent, il se promène,
Chaque aile soulevée, en hautaines allures ;
Son plumage s'emplit de lueurs, les marbrures
De son col vert bronzé, l'ourlet d'or de ses pennes,
L'incarnat de son dos, les splendeurs incertaines
De sa queue où des grains serrés de vermillon
Sont alternés avec des traits noirs sur un fond
De riche, somptueuse et lucide améthyste,
Tout s'allume, tout luit...

... Et, sur ces yeux muants de claires pierreries
S'unissant, se brisant en des joailleries
Que sertissent le bronze et l'acier, et l'argent,
Court encore un frisson d'or mobile et changeant,
Qui naît, s'étale, fuit, se rétrécit, tressaille,
Eclate, glisse, meurt, coule, ondule, s'écaille,
S'écarte en lacis d'or, en plaques d'or s'éploie,
Palpite, s'alanguit, se disperse, poudroie,
Et d'un insaisissable et féerique réseau
Enveloppe le corps enflammé de l'oiseau.

Auguste Angellier, LE CHEMIN DES SAISONS, 1903

Les messagères

Nos fourmis familières, les fourmis de notre maison, celles qui mangent notre sucre, se noient dans notre vin et, parfois, d'un pas rapide, traversent toute la nappe telles un aveuglant Sahara, nos fourmis ont fait leur nid dans l'épaisseur des fondations, sous le réservoir d'eau douce. Nous savons, à maints petits signes, qu'elles ont là leur citadelle, leur réduit inexpugnable. Elles savent, de leur côté, que, pour les en déloger, force nous serait de démolir la maison pierre à pierre, ce que nous ne ferons certes pas. En fait, la maison leur appartient. Elles ont, à l'extérieur, au pied des murailles, construit une route nationale sur laquelle, tout le jour, elles se hâtent et se croisent. Elles tolèrent notre présence durant la saison claire. Nous les tolérons moins bien, parce que nous avons, sans doute, le caractère moins bien fait et des idées saugrenues sur la nature de notre empire.

Georges Duhamel, FABLES DE MON JARDIN, 1936

Réhabilitation de la fourmi

Le ciel obscurci, la bise venue,
La cigale, ayant chanté tout l'été,
Alla demander quelque charité
Chez une fourmi qu'elle avait connue.

« J'ai grand-faim, dit-elle, et me voilà nue… »
La fourmi n'est pas ce qu'on a conté,
Et quoique vivant de paille menue,
Elle a dans le cœur beaucoup de bonté.

« Mangez, lui dit-elle, ouvrez mon armoire.
Je m'ennuie un peu sous la terre noire,
Dans ces trous obscurs où je vis sans feu. »

« Mangez et chantez, aimable personne !
Vos chants me feront revoir le ciel bleu,
Et me rendront plus que je ne vous donne ! »

Joseph Autran,

SONNETS CAPRICIEUX, 1873

La gerboise

La Gerboise se réveille
Dans son lit de sable
Secoue le sable de sa fourrure
De ses pattes de couleur de sable
Lave son ventre de sable gris
Trempe ses pattes dans son bol de lait
Les lèche

Le soleil monte comme une grosse orange
Sur les sables du désert
Un rayon de soleil
Chatouille les moustaches
De la Gerboise

La Gerboise s'assied
Sur sa queue de sable roux
Prend un grain de muscat entre les dents
Plonge ses incisives inférieures
Dans la chair tendre
Du grain de raisin
Passe sa langue sur ses dents
Pendant *7* minutes
Pour boire tout le jus

La Gerboise prend son cartable
Embrasse sa mère gerboise
Prend son élan
S'élance sur le sable
En *7* secondes elle traverse
Le Sahara
L'Algérie
La Méditerranée
La Provence
La Bourgogne
La Champagne
Et le département de l'Oise.

Jacques Roubaud, LES ANIMAUX DE PERSONNE, 1991

Grenouille

Lorsque la pluie en courtes aiguillettes rebondit
aux prés saturés, une naine amphibie, une
Ophélie manchote, grosse à peine comme le poing,
jaillit parfois sous le pas du poète et se jette au prochain étang.
Laissons fuir la nerveuse. Elle a de jolies jambes.
Tout son corps est ganté de peau imperméable.
A peine viande ses muscles longs sont d'une élégance
ni chair ni poisson. Mais pour quitter les doigts la vertu
du fluide s'allie chez elle aux efforts du vivant.
Goitreuse, elle halète... Et ce cœur qui bat gros, ces
paupières ridées, cette bouche hagarde m'apitoyent à la lâcher.

Francis Ponge, PIÈCES, 1962

Chloris et la grenouille

En ramassant un fruit dans l'herbe qu'elle fouille,
Chloris vient d'entrevoir la petite grenouille
Qui, peureuse, et craignant justement pour son sort,
Dans l'ombre se détend soudain comme un ressort,
Et, rapide, écartant et rapprochant les pattes,
Saute dans les fraisiers, et, parmi les tomates,
Se hâte vers la mare, où, flairant le danger,
Ses sœurs, l'une après l'autre, à la hâte ont plongé.
Dix fois déjà Chloris, à la chasse animée,
L'a prise sous sa main brusquement refermée ;
Mais, plus adroite qu'elle, et plus prompte, dix fois
La petite grenouille a glissé dans ses doigts.
Chloris la tient enfin ; Chloris chante victoire !
Chloris aux yeux d'azur de sa mère est la gloire.
Sa beauté rit au ciel ; sous son large chapeau
Ses cheveux blonds coulant comme un double ruisseau
Couvrent d'un voile d'or les roses de sa joue ;
Et le plus clair sourire à ses lèvres se joue.
Curieuse, elle observe et n'est pas sans émoi
A l'étrange contact du corps vivant et froid.
La petite grenouille en tremblant la regarde,
Et Chloris, dont la main lentement se hasarde,
A pitié de sentir, affolé par la peur,
Si fort entre ses doigts battre le petit cœur.

Albert Samain, AUX FLANCS DU VASE, 1898

Le grillon

C'est l'heure où, las d'errer, l'insecte nègre revient de promenade
    et répare avec soin le désordre de son domaine.
D'abord il ratisse ses étroites allées de sable.
    Il fait du bran de scie qu'il écarte au seuil de sa retraite.
Il lime la racine de cette grande herbe propre à le harceler.
    Il se repose.
Puis il remonte sa minuscule montre.
    A-t-il fini ? Est-elle cassée ? Il se repose encore un peu.
Il rentre chez lui et ferme sa porte.
    Longtemps il tourne sa clef dans la serrure délicate.
Et il écoute :
    Point d'alarme dehors.
Mais il ne se trouve pas en sûreté.
    Et comme par une chaînette dont la poulie grince,
il descend jusqu'au fond de la terre.
    On n'entend plus rien.
Dans la campagne muette, les peupliers se dressent comme
    des doigts en l'air et désignent la lune.

Jules Renard, Histoires naturelles, 1896

La grive

Quand s'achève le mois d'octobre
Quand les vendanges sont passées
Quand les vignes rouges blessées
Par l'automne saignent sombres

Quand les cyprès aux noires ombres
En haut des collines dressées
Luttent contre les vents pressés
On voit la petite grive sobre

S'asseoir dans la vigne sous les feuilles
Avec son panier à raisins
De son bec expert elle cueille

Muscats, grenaches, grains à grains
Elle en goûte tant qu'elle roule
Dans la poussière heureuse et saôule.

Jacques Roubaud, LES ANIMAUX DE TOUT LE MONDE, 1983

Guêpe

Nul troupeau n'erre ni ne broute ;
Le berger s'allonge à l'écart ;
La poussière dort sur la route,
Le charretier sur le brancard.

La guêpe rôde autour des jattes ;
Les ramiers couvrent les pignons ;
Et, la gueule entre les deux pattes,
Le dogue a des rêves grognons.

Sully Prudhomme, LES SOLITUDES, 1869

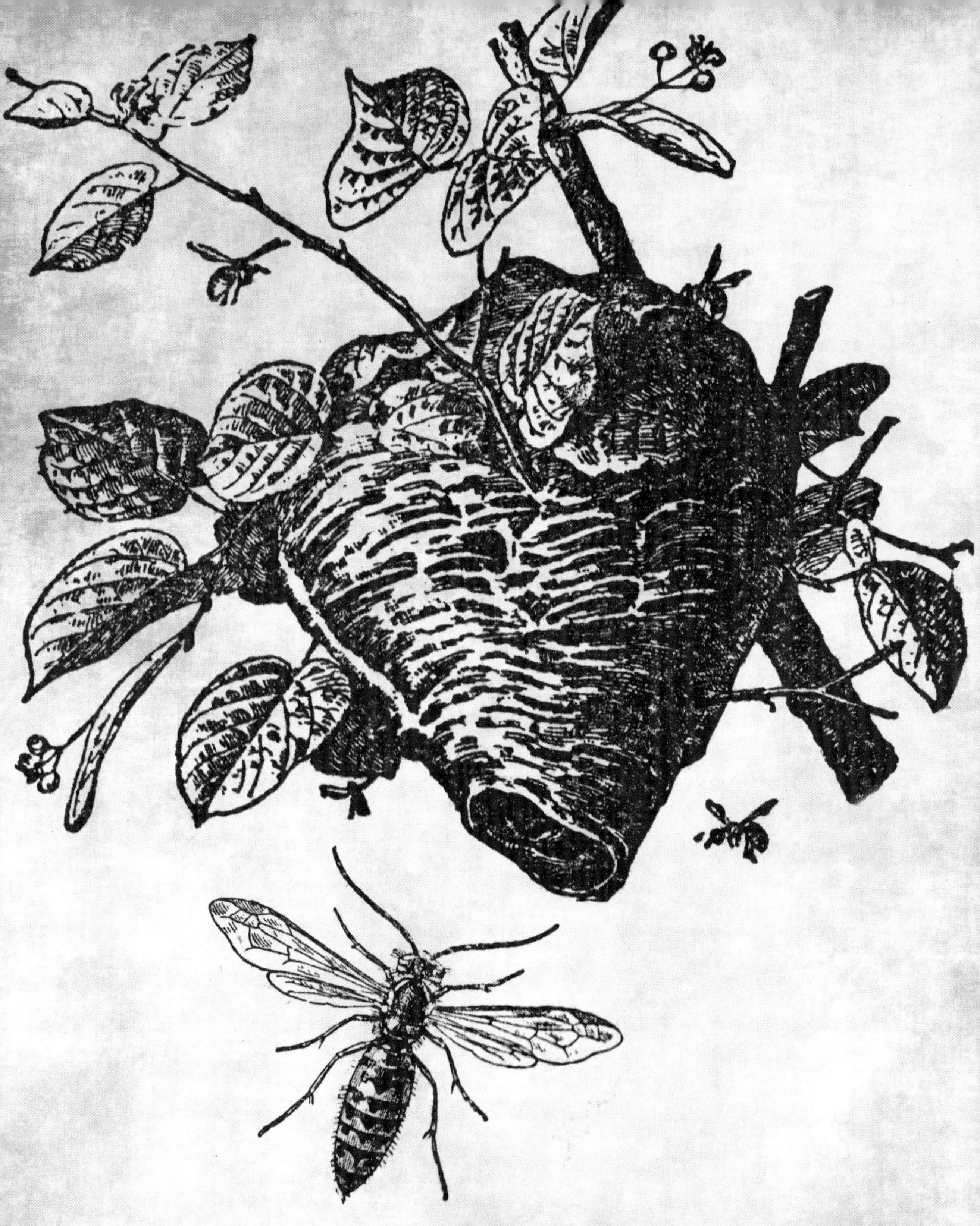

Le hareng saur

Il était un grand mur blanc — nu, nu, nu,
Contre le mur une échelle — haute, haute, haute,
Et, par terre, un hareng saur — sec, sec, sec.

Il vient, tenant dans ses mains — sales, sales, sales,
Un marteau lourd, un grand clou — pointu, pointu, pointu,
Un peloton de ficelle — gros, gros, gros.

Alors il monte à l'échelle — haute, haute, haute,
Et plante le clou pointu — toc, toc, toc,
Tout en haut du grand mur blanc — nu, nu, nu.

Il laisse aller le marteau — qui tombe, qui tombe, qui tombe,
Attache au clou la ficelle — longue, longue, longue,
Et, au bout, le hareng saur — sec, sec, sec.

Il redescend de l'échelle — haute, haute, haute,
L'emporte avec le marteau — lourd, lourd, lourd,
Et puis, il s'en va ailleurs — loin, loin, loin.

Et, depuis, le hareng saur — sec, sec, sec,
Au bout de cette ficelle — longue, longue, longue,
Très lentement se balance — toujours, toujours, toujours.

J'ai composé cette histoire, — simple, simple, simple,
Pour mettre en fureur les gens — graves, graves, graves,
Et amuser les enfants — petits, petits, petits.

Charles Cros, LE COFFRET DE SANTAL, 1873

Les hiboux

Sous les ifs noirs qui les abritent,
Les hiboux se tiennent rangés,
Ainsi que des dieux étrangers,
Dardant leur œil rouge. Ils méditent.

Sans remuer ils se tiendront
Jusqu'à l'heure mélancolique
Où, poussant le soleil oblique,
Les ténèbres s'établiront.

Leur attitude au sage enseigne
Qu'il faut en ce monde qu'il craigne
Le tumulte et le mouvement,

L'homme ivre d'une ombre qui passe
Porte toujours le châtiment
D'avoir voulu changer de place.

Charles Baudelaire, LES FLEURS DU MAL, 1857

Le jaguar

Sous le rideau lointain des escarpements sombres,
La lumière, par flots écumeux, semble choir ;
Et les mornes pampas où s'allongent les ombres
Frémissent vaguement à la fraîcheur du soir.

Des marais hérissés d'herbes hautes et rudes,
Des sables, des massifs d'arbres, des rochers nus,
Montent, roulent, épars, du fond des solitudes,
De sinistres soupirs au soleil inconnus.

La lune, qui s'allume entre des vapeurs blanches,
Sur la vase d'un fleuve aux sourds bouillonnements,
Froide et dure, à travers l'épais réseau des branches,
Fait reluire le dos rugueux des caïmans.

Les uns, le long du bord traînant leurs cuisses torses,
Pleins de faim, font claquer leurs mâchoires de fer ;
D'autres, tels que des troncs vêtus d'âpres écorces,
Gisent, entrebâillant la gueule aux courants d'air.

Dans l'acajou fourchu, lové comme un reptile,
C'est l'heure où, l'œil mi-clos et le mufle en avant,
Le chasseur au beau poil flaire une odeur subtile,
Un parfum de chair vive égaré dans le vent.

Ramassé sur ses reins musculeux, il dispose
Ses ongles et ses dents pour son œuvre de mort ;
Il se lisse la barbe avec sa langue rose ;
Il laboure l'écorce et l'arrache et la mord.

Charles Marie Leconte de Lisle,

POÈMES BARBARES, 1862

La jument

C'est la rentrée générale des foins ; les granges se bourrent jusqu'aux tuiles faîtières. Les hommes et les femmes se dépêchent, parce que le temps menace et que, si la pluie tombait sur le foin coupé, il perdrait de sa valeur. Tous les chariots roulent ; on charge l'un, tandis que les chevaux ramènent l'autre à la ferme. Il fait déjà nuit que le va-et-vient dure encore.

Une jument mère hennit dans ses brancards. Elle répond au poulain qui l'appelait et qui a passé la journée au pré sans boire.

Elle sent que c'est la fin, qu'elle va le rejoindre et elle tire du collier comme si elle était seule attelée. Le chariot s'immobilise près du mur de la grange. On dételle, et la jument libre irait d'un trot lourd à la barrière où le poulain tend le nez, si on ne l'arrêtait, parce qu'il faut qu'elle retourne chercher là-bas le dernier chariot.

Jules Renard, HISTOIRES NATURELLES, 1896

La taupe et les lapins

Chacun de nous souvent connaît bien ses défauts :
En convenir, c'est autre chose ;
On aime mieux souffrir de véritables maux,
Que d'avouer qu'ils en sont cause.
Je me souviens à ce sujet
D'avoir été témoin d'un fait
Fort étonnant et difficile à croire ;
Mais je l'ai vu, voici l'histoire :
Près d'un bois, le soir, à l'écart,
Dans une superbe prairie,
Des lapins s'amusaient, sur l'herbette fleurie,
A jouer au colin-maillard.
Des lapins ! direz-vous, la chose est impossible.
Rien n'est plus vrai, pourtant ; une feuille flexible
Sur les yeux de l'un d'eux en bandeau s'appliquait
Et puis sous le cou se nouait.
Un instant en faisait l'affaire.
Celui que ce ruban privait de la lumière
Se plaçait au milieu ; les autres à l'entour

Sautaient, dansaient, faisaient merveilles,
S'éloignaient, venaient tour à tour
Tirer sa queue ou ses oreilles.
Le pauvre aveugle alors se retournant soudain,
Sans craindre pot au noir, jette au hasard la patte ;
Mais la troupe échappe à la hâte ;
Il ne prend que du vent, il se tourmente en vain,
Il y sera jusqu'à demain.
Une taupe assez étourdie,
Qui sous terre entendit le bruit,
Sort aussitôt de son réduit,
Et se mêle dans la partie.
Vous jugez que, n'y voyant pas,
Elle fut prise au premier pas.
« Messieurs, dit un lapin, ce serait conscience,
Et la justice veut qu'à notre pauvre sœur
Nous fassions un peu de faveur ;
Elle est sans yeux et sans défense :
Ainsi je suis d'avis… — Non, répond avec feu
La taupe, je suis prise, et prise de bon jeu ;
Mettez-moi le bandeau. — Très volontiers, ma chère,
Le voici ; mais je crois qu'il n'est pas nécessaire
Que nous serrions le nœud bien fort.
— Pardonnez-moi, monsieur, reprit-elle en colère,
Serrez bien, car j'y vois… Serrez, j'y vois encor. »

Jean-Pierre Claris de Florian, FABLES, 1792

Le lézard

Fils spontané de la pierre fendue où je m'appuie, il me grimpe sur l'épaule. Il a cru que je continuais le mur parce que je reste immobile et que j'ai un paletot couleur de muraille. Ça flatte tout de même.

LE MUR. —Je ne sais quel frisson me passe sur le dos.

LE LÉZARD. —C'est moi.

Jules Renard, HISTOIRES NATURELLES, 1896

L'aérienne libellule

Dans un rayon, l'aérienne libellule
S'agite sans bouger sur le ruisseau dormant,
Penche-toi : tu verras que de bleus diamants
Brûlent dans l'éventail de ses ailes de tulle…

Adolphe Boschot, L'AUBE DE L'AMOUR, 1900

Le lièvre et les grenouilles

Un lièvre en son gîte songeait,
(Car que faire en un gîte, à moins que l'on ne songe ?)
Dans un profond ennui ce lièvre se plongeait :
Cet animal est triste, et la crainte le ronge.
« Les gens de naturel peureux
Sont, disait-il, bien malheureux !
Ils ne sauraient manger morceau qui leur profite :
Jamais un plaisir pur ; toujours assauts divers.
Voilà comme je vis : cette crainte maudite
M'empêche de dormir sinon les yeux ouverts.
Corrigez-vous, dira quelque sage cervelle.
Et ! la peur se corrige-t-elle ?
Je crois même qu'en bonne foi
Les hommes ont peur comme moi. »
Ainsi raisonnait notre lièvre,
Et cependant il faisait le guet.
Il était douteux, inquiet ;
Un souffle, un ombre, un rien, tout lui donnait la fièvre.
Le mélancolique animal,
En rêvant à cette matière,
Entend un léger bruit : ce lui fut un signal
Pour s'enfuir devers sa tanière.
Il s'en alla passer sur le bord d'un étang.
Grenouilles aussitôt de sauter dans les ondes ;
Grenouilles de rentrer en leurs grottes profondes.
« Oh ! dit-il, j'en fais faire autant
Qu'on m'en fait faire ! Ma présence
Effraie aussi les gens ! Je mets l'alarme au camp !
Et d'où me vient cette vaillance ?
Comment ! des animaux qui tremblent devant moi !
Je suis donc un foudre de guerre !
Il n'est, je le vois bien, si poltron sur la terre,
Qui ne puisse trouver un plus poltron que soi. »

Jean de La Fontaine, Fables, Livre I, 1668

Une perte irréparable

J'ai ce matin, dans les choux, tué d'un coup de houlette,
une limace prodigieuse du plus beau caoutchouc rouge
— feuille anglaise, premier choix. — Pendant la journée, j'imaginais
les conséquences de ce meurtre, les potins et les conversations
dans le monde-limace, les articles de journaux dans la presse-
limace, les discours officiels et les plaques commémoratives :
« On a trouvé le général Limaçoff Limaçovitch mort subitement
sur ses terres. C'est une perte irréparable. C'était un être d'élite,
un caractère fortement trempé, un citoyen d'une énergie incomparable,
un personnage vraiment digne du noble et beau nom de limace, etc. »
Je rêvais sur ce thème humiliant et j'étais plein de pitié non pour la
brouteuse de choux, mais pour nous, misérables créatures humaines.
Je suis repassé, ce soir, sur les lieux de l'exécution. Une dizaine de
limaces dînaient paisiblement du cadavre de leur semblable.
Cela ne m'a pas consolé.

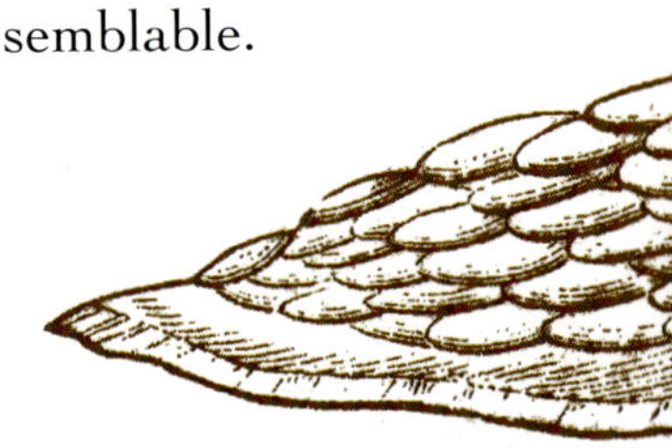

Georges Duhamel, Fables de mon jardin, 1936

Le loup qui criait sous les feuilles

[…]

Le loup criait sous les feuilles
En crachant les belles plumes
De son repas de volailles :
Comme lui je me consume.

Les salades, les fruits
N'attendent que la cueillette ;
Mais l'araignée de la haie
Ne mange que des violettes.

Que je dorme ! Que je bouille
Aux autels de Salomon.
Le bouillon court sur la rouille,
Et se mêle au Cédron.

[…]

Arthur Rimbaud, UNE SAISON EN ENFER, 1873

La mort du loup

Les nuages couraient sur la lune enflammée
Comme sur l'incendie on voit fuir la fumée,
Et les bois étaient noirs jusques à l'horizon.
Nous marchions sans parler, dans l'humide gazon,
Dans la bruyère épaisse et dans les hautes brandes,
Lorsque, sous des sapins pareils à ceux des Landes,
Nous avons aperçu les grands ongles marqués
Par les loups voyageurs que nous avions traqués.
Nous avons écouté, retenant notre haleine
Et le pas suspendu. Ni le bois, ni la plaine
Ne poussaient un soupir dans les airs...
Rien ne bruissait donc, lorsque baissant la tête,
Le plus vieux des chasseurs qui s'était mis en quête
A regardé le sable en s'y couchant ; bientôt,
Lui que jamais ici on ne vit en défaut,
A déclaré tout bas que ces marques récentes
Annonçaient la démarche et les griffes puissantes
De deux grands loups-cerviers et de deux louveteaux.
Nous avons tous alors préparé nos couteaux,

Et, cachant nos fusils et leurs lueurs trop blanches,
Nous allions pas à pas, en écartant les branches.
Trois s'arrêtent, et moi, cherchant ce qu'ils voyaient,
J'aperçois tout à coup deux yeux qui flamboyaient,
Et je vois au-delà quatre formes légères
Qui dansaient sous la lune au milieu des bruyères,
Comme font chaque jour, à grand bruit sous nos yeux,
Quand le maître revient, les lévriers joyeux.
Leur forme était semblable et semblable la danse ;
Mais les enfants du loup se jouaient en silence,

Sachant bien qu'à deux pas, ne dormant qu'à demi,
Se couche dans ses murs l'homme, leur ennemi.
Le père était debout, et plus loin, contre un arbre,
La louve reposait comme celle de marbre
Qu'adoraient les Romains, et dont les flancs velus
Couvaient les demi-dieux Rémus et Romulus.
Le Loup vient et s'assied, les deux jambes dressées,
Par leurs ongles crochus dans le sable enfoncées.
Il s'est jugé perdu, puisqu'il était surpris,
Sa retraite coupée et tous ses chemins pris ;
Alors il a saisi, dans sa gueule brûlante,
Du chien le plus hardi la gorge pantelante,
Et n'a pas desserré ses mâchoires de fer,
Malgré nos coups de feu, qui traversaient sa chair,
Et nos couteaux aigus qui, comme des tenailles,
Se croisaient en plongeant dans ses larges entrailles,

Jusqu'au dernier moment où le chien étranglé,
Mort longtemps avant lui, sous ses pieds a roulé.
Le Loup le quitte alors et puis il nous regarde.
Les couteaux lui restaient au flanc jusqu'à la garde,
Le clouaient au gazon tout baigné dans son sang ;
Nos fusils l'entouraient en sinistre croissant.
Il nous regarde encore, ensuite il se recouche,
Tout en léchant le sang répandu sur sa bouche,
Et, sans daigner savoir comment il a péri,
Refermant ses grands yeux, meurt sans jeter un cri.

Alfred de Vigny, Les Destinées, 1864

Le chanteur crédule

Un oiseau siffle dans les branches
Et sautille gai, plein d'espoir,
Sur les herbes, de givre blanches,
En bottes jaunes, en frac noir.

C'est un merle, chanteur crédule,
Ignorant du calendrier,
Qui rêve soleil, et module
L'hymne d'avril en février.

Pourtant il vente, il pleut à verse
L'Arve jaunit le Rhône bleu,
Et le salon, tendu de perse,
Tient tous ses hôtes près du feu.

Lustrant son aile qu'il essuie,
L'oiseau persiste en sa chanson,
Malgré neige, brouillard et pluie,
Il croit à la jeune saison.

Il gronde l'aube paresseuse
De rester au lit si longtemps
Et, gourmandant la fleur frileuse,
Met en demeure le printemps.

Théophile Gautier, Emaux et Camées, 1852

L'enfant et le moineau

« Eh ! Mon moineau ! Mon cher moineau !
Il me fuit, il me quitte : il est sur cet ormeau,
Je n'y saurais monter ; puis comment le reprendre ?...
Le perdrais-je ?... Qu'il est joli !...
Je ne t'en veux point, non ; daigne m'entendre.
Ah ! Reviens, mon petit ami !
T'ai-je laissé jamais manquer de nourriture ?
C'est moi qui t'élevai ; reviens, je t'en conjure.
Assez souvent tu me pinçais,
Et pourtant je te caressais. »
Telle était d'un enfant la touchante harangue.
Le fugitif est prêt à s'attendrir ;
Il paraît vouloir revenir.
Mais cet enfant eut trop de langue,
Etourdiment il ajouta :
« Regarde : est-il plus riche et plus brillante cage ? »
A ce mot seul qui tout gâta,
Le moineau, fendant l'air, répète en son langage
Ce vieux et vulgaire dicton :
« il n'est point de belle prison. »

Jean-François Guichard, FABLES, 1802

Mouche présomptueuse

Un chariot tiré par six chevaux fougueux et fiers,
Roulait sur un chemin aride et sablonneux.
Une mouche était là présomptueuse
Qui dit en bourdonnant : « que je fais de poussière ! »

Isaac de Benserade, Poésies, 1648

Choix d'une sépulture

Au fort de l'été, chez nous, paraissent, les jours d'orage, de grands vols de moucherons. Ce sont de très petites bêtes. Ailes repliées, au repos, elles sont minces, linéaires comme un point d'exclamation.

On les voit mal : on les sent. Elles se collent sur les fronts moites, elles rampent sur les bras nus des travailleurs et des enfants, elles s'aventurent dans les oreilles, viennent se noyer dans les yeux, se livrent, sur ma page blanche, à des entretiens galants. Elles tourmentent la grand'mère qui sommeille dans son fauteuil et, pour une minute, elles l'arrachent à l'abîme des souvenirs.

Après toute une soirée d'amour et de taquinerie, nos petites mouches songent à la mort. Comme les hommes de l'ancienne Egypte, comme les hommes de tous les temps, elles éprouvent le désir d'une sépulture paisible, où leur dépouille attendra la fin de l'éternité. Alors, consumant leur force dernière, elles pénètrent en des lieux d'où les êtres de leur espèce semblent, le plus souvent, bannis. Elles se glissent entre les pages de mes cahiers, sous les papiers des tentures, dans notre livre de raison que nous cachons pourtant si bien au fond de la bibliothèque. Les plus hardies, les plus adroites, s'introduisent entre le verre et les gravures qui sont pendus à la muraille. Et c'est là que la mort les prend.

J'en découvre chaque jour dans le dictionnaire de Littré qu'elles ornent malicieusement d'une ponctuation fantaisiste. Il y en a sur les portraits. Je n'oserais pas affirmer qu'il ne s'en trouve pas quelques-unes entre les plis de mes pensées.

Georges Duhamel, FABLES DE MON JARDIN, 1936

Les Mouettes

A Alice Godel

Je te donne trois mouettes

La pulpe d'un fruit
Le goût des jardins sur les choses

La verte étoile d'un étang
Le rire bleu de la barque
La froide racine du roseau

Je te donne trois mouettes
La pulpe d'un fruit

De l'aube entre les doigts
De l'ombre entre les tempes

Je te donne trois mouettes
Et le goût de l'oubli

Andrée Chédid, Fêtes et Lubies, 1973

Le retour
du troupeau

La masse des moutons marche, monde mouvant,
Et paraît être au loin la terre labourée
Emigrant tout à coup. Un vieux berger très lent
Et des chiens d'ardeur vive escortent la rentrée…

Les voici maintenant au chemin. Largement
Ils vont, quoique serrés, débordant sur la plaine.
L'on imaginerait – leurs oreilles au vent
Comme des edelweiss – quelque hauteur sereine…

Moutons s'enchevêtrant en des vagues d'or clair,
L'on écoute leur trot qui s'attroupe et qui trace
Sur l'herbe et le chemin un disque fort et fier
Dont sans cesse le bord s'arrondit ou s'efface.

C'est le soir. Le couchant dans le long ciel ponceau
Creuse en rouges lueurs d'éclatantes tranchées
Tout au bout de la plaine, et sur le clair troupeau
Dépose doucement quelques lueurs rosées.

Ernest de Ganay, Les Fleurs du silence, 1911

Les oies sauvages

Tout est muet ; l'oiseau ne jette plus ses cris.
La morne plaine est blanche au loin sous le ciel gris.
Seuls les grands corbeaux noirs qui vont cherchant leurs proies,
Fouillent du bec la neige et tachent sa pâleur.
Voilà qu'à l'horizon s'élève une clameur ;
Elle approche, elle vient, c'est la tribu des oies.
Ainsi qu'un trait lancé, toutes, le cou tendu,
Allant toujours plus vite en leur vol éperdu,
Passent, fouettant le vent de leur aile sifflante.

Le guide qui conduit ces pèlerins des airs
Delà les océans, les bois et les déserts,
Comme pour exciter leur allure trop lente,
De moment en moment jette son cri perçant.
Comme un double ruban la caravane ondoie,
Bruit étrangement, et par le ciel déploie
Son grand triangle ailé qui va s'élargissant.
Mais leurs frères captifs répandus dans la plaine,
Engourdis par le froid, cheminent gravement.
Un enfant en haillons en sifflant les promène,
Comme de lourds vaisseaux balancés lentement.
Ils entendent le cri de la tribu qui passe ;
Ils érigent leur tête ; et regardant s'enfuir
Les libres voyageurs au travers de l'espace,
Les captifs tout à coup se lèvent pour partir.
Ils agitent en vain leurs ailes impuissantes,
Et, dressés sur leurs pieds, sentent confusément,
A cet appel errant se lever grandissantes
La liberté première au fond du cœur dormant.
La fièvre de l'espace et des tièdes rivages.
Dans les champs pleins de neige ils courent effarés,
Et, jetant par le ciel des cris désespérés,
Ils répondent longtemps à leurs frères sauvages.

Guy de Maupassant, DES VERS, 1880

L'oie du fou

Un homme avait une oie et c'était son trésor,
Car elle lui pondait tous les jours un œuf d'or.
La croyant pleine d'œufs, le fou s'impatiente,
La tue, et, d'un seul coup, perd le fonds et la rente.

Isaac de Benserade, POÉSIES, 1648

L'ours

Le pôle est sans soupirs.
Un ours tourne et retourne
Une boule plus blanche
Que la neige et que lui.
Comment lui faire entendre
Du fond de ce Paris
Que c'est l'ancienne sphère
De plus en plus réduite
D'un soleil de minuit
Quand cet ours est si loin
De cette chambre close,
Qu' il est si différent
Des bêtes familières
Qui passent à ma porte,
Ours penché sans comprendre
Sur son petit soleil
Qu'il voudrait peu à peu
Réchauffer de son souffle
Et de sa langue obscure
Comme s'il le prenait
Pour un ourson frileux
Qui fait le mort en boule
Et ferme fort les yeux.

Jules Supervielle, Les Amis inconnus, 1934

La panthère noire

Par les sentiers perdus au creux des forêts vierges
Où l'herbe épaisse fume au soleil du matin,
Le long des cours d'eau vive encaissés dans leurs berges
Sous de verts arceaux de rotin,

La reine de Java, la noire chasseresse,
Avec l'aube, revient au gîte où ses petits
Parmi les os luisants miaulent de détresse,
Les uns sous les autres blottis.

Inquiète, les yeux aigus comme des flèches,
Elle ondule, épiant l'ombre des rameaux lourds.
Quelques taches de sang, éparses, toutes fraîches,
Mouillent sa robe de velours.

Elle traîne après elle un reste de sa chasse,
Un quartier du beau cerf qu'elle a mangé la nuit ;
Et sur la mousse en fleur une effroyable trace,
Rouge, et chaude encore, la suit (...)

Sous la haute fougère elle glisse en silence,
Parmi les troncs moussus s'enfonce et disparaît.
Les bruits cessent, l'air brûle, et la lumière immense
Endort le ciel et la forêt.

Charles Marie Leconte de Lisle,

POÈMES BARBARES, 1862

Le paon

Quand je vois ma belle figure,
Orgueilleux suis, hautain et fier ;
Mais telle beauté peu ne dure
On ne doit nul mépriser.

Ce que disent les oiseaux quand les bergers gardant leurs brebis les entendent.

Poésie populaire française

Papillons bleus, papillons blancs

Les papillons bleus, les papillons blancs,
Sur les pas mouillés et les blés tremblants,
Vont battant des ailes.
C'est sous le soleil un frémissement
Qui fait s'incliner les fleurs doucement
Sur leurs tiges frêles.

Paul Bourget, SUR LA FALAISE, 1880

Le pélican

Les plus désespérés sont les chants les plus beaux,
Et j'en sais d'immortels qui sont de purs sanglots.
Lorsque le pélican, lassé d'un long voyage,
Dans les brouillards du soir retourne à ses roseaux,
Ses petits affamés courent sur le rivage,
En le voyant au loin s'abattre sur les eaux.
Déjà, croyant saisir et partager leur proie,
Ils courent à leur père avec des cris de joie,
En secouant leurs becs sur leurs goîtres hideux.
Lui, gagnant à pas lents une roche élevée,
De son aile pendante abritant sa couvée,
Pêcheur mélancolique, il regarde les cieux.
Le sang coule à longs flots de sa poitrine ouverte.
En vain il a des mers fouillé la profondeur :
L'Océan était vide et la plage déserte ;
Pour toute nourriture il apporte son cœur.
Sombre et silencieux, étendu sur la pierre,
Partageant à ses fils ses entrailles de père,
Dans son amour sublime il berce sa douleur,
Et, regardant couler sa sanglante mamelle,
Sur son festin de mort il s'affaisse et chancelle,
Ivre de volupté, de tendresse et d'horreur.
Mais parfois, au milieu du divin sacrifice,
Fatigué de mourir dans un trop long supplice,
Il craint que ses enfants ne le laissent vivant,
Alors il se soulève, ouvre son aile au vent,
Et, se frappant le cœur avec un cri sauvage,
Il pousse dans la nuit un si funèbre adieu,
Que les oiseaux des mers désertent le rivage,
Et que le voyageur attardé sur la plage,
Sentant passer la mort, se recommande à Dieu.
Poète, c'est ainsi que font les grands poètes.
Ils laissent s'égayer ceux qui vivent un temps ;
Mais les festins humains qu'ils servent à leurs fêtes
Ressemblent la plupart à ceux des pélicans.
Quand ils parlent ainsi d'espérances trompées,
De tristesse et d'oubli, d'amour et de malheur,
Ce n'est pas un concert à dilater le cœur.
Leurs déclamations sont comme des épées :
Elles tracent dans l'air un cercle éblouissant ;
Mais il y pend toujours quelque goutte de sang.

Alfred de Musset, Les Nuits, 1840

Au cœur en son vol

Au ras de terre, dans la nuit
Des sapinières de savane,
Le mâle amoureux se pavane
Et tambourine à petit bruit.

La femelle écoute, tressaille,
Et, comme une plume, l'amour
L'emporte vers le troubadour
Qui roucoule dans la broussaille.

Tel un coq gonfle tout l'émail
Et tout l'or de sa collerette ;
Le mâle, dressant son aigrette,
Roule sa queue en éventail.

Mais voici qu'un coup de tonnerre,
Sous les arbres, vient d'éclater,
Faisant, au loin, répercuter
Les échos du bois centenaire.

Et, frappée au cœur en son vol,
Ailes closes, la perdrix blanche,
Dégringolant de branche en branche,
Tombe, mourante, sur le sol.

Nérée Beauchemin, Partie intime, 1928

Le perroquet

Un gros perroquet gris, échappé de sa cage,
Vint s'établir dans un bocage,
Et là, prenant le ton de nos faux connaisseurs,
Jugeant tout, blâmant tout d' un air de suffisance,
Au chant du rossignol il trouvait des longueurs,
Critiquait surtout sa cadence.
Le linot, selon lui, ne savait pas chanter ;
La fauvette aurait fait quelque chose peut-être,
Si de bonne heure il eût été son maître,
Et qu'elle eût voulu profiter.
Enfin aucun oiseau n'avait l'art de lui plaire,
Et, dès qu'ils commençaient leurs joyeuses chansons,
Par des coups de sifflet répondant à leurs sons,
Le perroquet les faisait taire.
Lassés de tant d'affronts, tous les oiseaux du bois
Viennent lui dire un jour : « Mais parlez donc, beau sire,
Vous qui sifflez toujours, faites qu'on vous admire :
Sans doute vous avez une brillante voix ;
Daignez chanter pour nous instruire. »
Le perroquet dans l'embarras
Se gratte un peu la tête et finit par leur dire :
« Messieurs, je siffle bien, mais je ne chante pas. »

Jean-Pierre Claris de Florian, FABLES, 1792

Les pies

De branche en branche
Les pies
Sautent, noires et blanches,
Et crient.

Un attelage,
Monumental comme une grange en marche,
Sur la montée, à contre-ciel, près d'un village,
Bombe sa charge ;
Les fers des gros chevaux résonnent,
Le charroi passe, énorme et lourd,
Les petites maisons frissonnent
Aux carrefours.

Tandis qu'aux alentours,
Noires et blanches,
De branche en branche
Les pies
Crient.

Emile Verhaeren, TOUTE LA FLANDRE, 1904-1911

Le pigeon voyageur

C'est depuis La Fontaine une tradition
Que la pigeonne et le pigeon
Tous deux nous donnent,
Pigeon, pigeonne,
Des époux unis tendrement
Le modèle le plus charmant ;
Des époux, ai-je dit ; il disait des amants,
Mais n'est-ce pas la même chose, en somme ?
Tant pis pour qui juge autrement.
Aux colombiers du voisinage,
Il n'était plus gentil ménage,
Plus gentil,
Et mieux assorti,
Que les deux pigeons que voici.
L'un ne pouvait battre de l'aile,
Que l'autre, attentif et fidèle,
Que l'autre n'en battît aussi,
Et la même ardeur conjugale

A chacun faisait part égale
Dans la joie et dans le souci.
— Ah ! disait le pigeon frémissant, que je meure
S'il me faut jamais te quitter ! -
Et la pigeonne : — En vérité,
Moi, je mourrais à la même heure !... —
Là-dessus, dans le colombier,
Le pigeon se voit confier
Une mission délicate :
Il s'est bien fait un peu prier,
Tout de même, au fond, ça le flatte ;
On lui a mis une bague à la patte ;
Il est désormais le courrier
Des diplomates
Et des soldats.
Et la pigeonne en vain s'attriste et désespère :
— Que voulez-vous, ma chère, il faut servir l'Etat ;
Songez aux soins de ma carrière,
Dont sur vous rejaillit l'éclat.

Résultat :

L'épouse, la journée entière,
La journée et souvent la nuit,
Devra demeurer au logis,
Mélancolique et solitaire.

Epoux qui poursuivez le rêve essentiel
De prolonger votre lune de miel,
Et qui n'avez pour objectif unique
Que votre bonheur domestique,
Fuyez les fonctions publiques
Et les honneurs officiels.

Franc-Nohain, FABLES NOUVELLES, 1927

La pintade

C'est la bossue de ma cour. Elle ne rêve que plaies à cause de sa bosse.

Les poules ne lui disent rien : brusquement, elle se précipite et les harcèle.

Puis elle baisse sa tête, penche le corps, et, de toute la vitesse de ses pattes maigres, elle court frapper, de son bec dur, juste au centre de la roue d'une dinde.

Cette poseuse l'agaçait.

Ainsi, la tête bleuie, ses barbillons à vif, cocardière, elle rage du matin au soir. Elle se bat sans motif, peut-être parce qu'elle s'imagine toujours qu'on se moque de sa taille, de son crâne chauve et de sa queue basse.

Et elle ne cesse de jeter un cri discordant qui perce l'air comme une pointe.

Parfois elle quitte la cour et disparaît. Elle laisse aux volailles pacifiques un moment de répit. Mais elle revient plus turbulente et plus criarde. Et, frénétique, elle se vautre par terre.

Qu'a-t-elle donc ?

La sournoise fait une farce.

Elle est allée pondre son œuf à la campagne.

Je peux le chercher si ça m'amuse.

Elle se roule dans la poussière, comme une bossue.

Jules Renard, HISTOIRES NATURELLES, 1896

Les poissons

Mémoire des poissons dans les criques profondes,
Que puis-je faire ici de vos lents souvenirs ?
Je ne sais rien de vous qu'un peu d'écume et d'ombre
Et qu'un jour, comme moi, il vous faudra mourir.

Alors que venez-vous interroger mes rêves
Comme si je pouvais vous être de secours ?
Allez en mer, laissez-moi sur ma terre sèche ;
Nous ne sommes pas faits pour mélanger nos jours.

Jules Supervielle, Les Amis inconnus, 1934

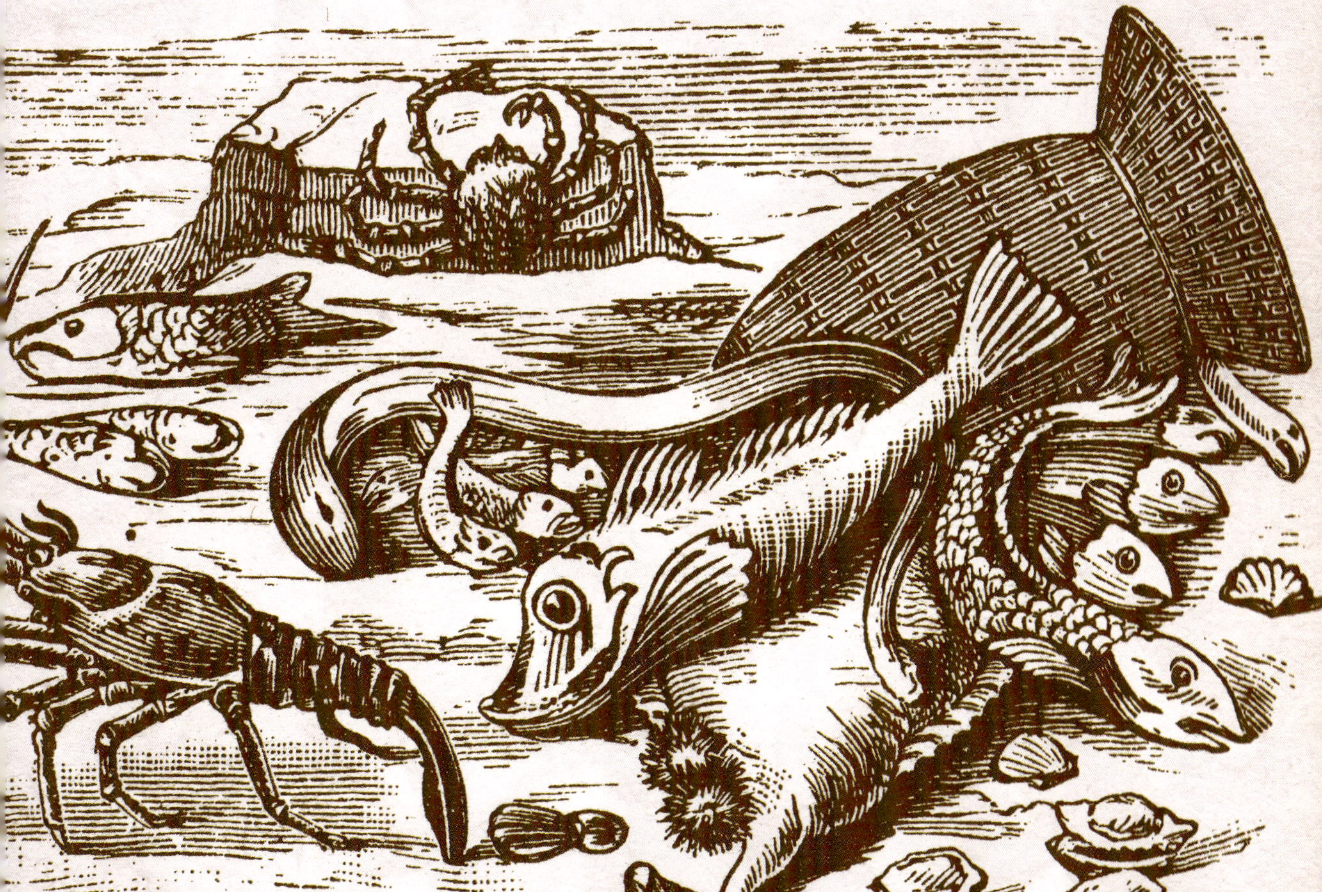

Le poulain

Mon beau poulain fou, couleur d'écureuil
Et de feuilles mortes,
Qui cambres le col
Et mâches ton mors
Avec orgueil,
Toi qui m'emportes
Au grand galop par la route vermeille,
Et dont la voix forte
Hennit au soleil,
Mon beau poulain fringant, si tu es bien docile
Aux rênes souples que je tiens,
Tu n'iras point vieillir sur le pavé des villes
Et, chaque soir d'été, libre de tous les liens,
Tu brouteras par la prairie
Les bonnes herbes fleuries!

Mon beau poulain svelte et fauve,
J'aime tes bonds et tes élans,
Tes longs crins envolés dans le vent,
Tes mouvements de bête noble.
Va, peut-être qu'un jour, quand les chatons du saule
Epandront sur le gazon frais
Leur fine poudre jaune,
Je tirerai sans bruit la clôture qui glisse
De l'herbage où tu pais,
Et j'enverrai vers toi quelque fière pouliche ;
Car je ne te veux point pareil
A tant d'esclaves de ta race
Que l'on couche un matin sur le dos et qu'on châtre :
Il faut à ta jeunesse une compagne libre,
Et que tu hennisses
Debout dans le soleil!

Philéas Lebesgue, Les Servitudes, 1913

La poule

Pattes jointes, elle saute du poulailler, dès qu'on lui ouvre la porte.
C'est une poule commune, modestement parée et qui ne pond jamais d'œufs d'or.
Eblouie de lumière, elle fait quelques pas, indécise, dans la cour.
Elle voit d'abord le tas de cendres où, chaque matin, elle a coutume de s'ébattre.
Elle s'y roule, s'y trempe, et, d'une vive agitation d'ailes, les plumes gonflées,
Elle secoue ses puces de la nuit.
Puis elle va boire au plat creux que la dernière averse a rempli.
Elle ne boit que de l'eau.
Elle boit par petits coups et dresse le col, en équilibre sur le bord du plat.
Ensuite elle cherche sa nourriture éparse.
Les fines herbes sont à elle, et les insectes et les graines perdues.
Elle pique, elle pique, infatigable.
De temps en temps, elle s'arrête.
Droite sous son bonnet phrygien, l'œil vif, le jabot avantageux,
Elle écoute de l'une et de l'autre oreille.
Et, sûre qu'il n'y a rien de neuf, elle se remet en quête.
Elle lève haut ses pattes raides, comme ceux qui ont la goutte.
Elle écarte les doigts et les pose avec précaution, sans bruit.
On dirait qu'elle marche pieds nus.

Jules Renard, HISTOIRES NATURELLES, 1896

Règle de l'équilibre

Avec un bruit de grêle fine, les pucerons, quand on s'approche, sautent pour s'aller cacher dans l'intimité des choux. Pauvres choux ! Qu'ils sont misérables ! Ils sont dévorés jusqu'à l'âme. Leur feuille n'est plus que dentelle. La sève, découragée, semble se détourner d'eux.

Ils ne sont pas seuls à plaindre. Toutes les crucifères sont touchées. Elles ne peuvent plus que languir. Plus de radis, plus de navets et même plus de giroflées. Le jardinier hoche la tête : encore une mauvaise année.

Mais là-haut, sur le plateau, les paysans se réjouissent. Les pucerons ont réduit à rien la moutarde — autre crucifère — qui gâtait les champs de froment.

Et voilà qui ferait plaisir à mon maître Charles Nicolle, philosophe de l'équilibre.

Georges Duhamel, FABLES DE MON JARDIN, 1936

Le rat de ville

Autrefois le rat de champ
M'invita, moi rat de ville,
A venir porter les dents
Aux fruits aimés de Virgile.

Loin des luxueux valets,
Des chats, de la souricière,
Nous voici parmi les blés
Qui semblent être en prière.

A la place du tapis
De Turquie on eut la flore
De corail et de lapis,
Dont la moisson se décore.

« Oh ! Les merveilleux abris,
Me disait Jean Campagnolle ;
Non, elle n'a pas de prix,
La solitude agricole !

Que ce brouet soit épais,
Ah ! Combien peu nous importe,
Si ne trouble point la paix
L'ouverture d'une porte ! »

Le rural vantait encor,
Le cœur débordant de joie,
La médiocrité de l'or,
Quand le prit l'oiseau de proie.

Francis Jammes, LE TOMBEAU DE JEAN DE LA FONTAINE, 1921

Le phénix de nos bois

Lorsque le rossignol commence,
Par respect les oiseaux gardent tous le silence ;
C'est le vrai phénix de nos bois ;
Mais on peut bien, en son absence,
Plaire un moment sans égaler sa voix.

Gosvin-Joseph-Augustin Bon de Stassart,

Fables, 1855

Le rossignol amoureux d'une rose

Je suis le rossignol
Amoureux d'une rose.
Le soir, quand je me pose
Sur la branche d'envol,

Mon grand air d'opéra
Célèbre cette reine
Dont la pourpre hautaine
Resplendit tout en bas.

Jamais un seul duo.
Après tant de roulades
Jamais les sérénades
N'éveillent un écho.

Dois-je bâtir mon nid
Dans la lune magique ?
Je suis mélancolique
D'être trop ébloui.

Grise dans le soleil
De l'amour où j'habite
Reviens, ma Sulamite :
C'est toi, mon vrai soleil.

Pierre Menanteau, DE CHAIR ET DE FEUILLES, 1966

Le rouge-gorge et les moineaux

« Au feu ! au feu ! crièrent les moineaux.
Au feu ! son plastron brûle !
Qu'on déverse sur lui le seau
De la petite Ursule ! »
Mais calmement, le rouge-gorge
Continuait à remuer
Les pattes, la queue, le gosier
Sans voir qu'il faisait flamboyer
Autour de lui, l'hiver entier.

Maurice Carême, La Grange bleue, 1961

Sardines
à l'huile

Dans leur cercueil de fer-blanc
plein d'huile au puant relent
marinent décapités
ces petits corps argentés
pareils aux guillotinés
là-bas au champ des navets !
Elles ont vu les mers, les côtes grises de Thulé,
sous les brumes argentées
la Mer du Nord enchantée…
Maintenant dans le fer-blanc
et l'huile au puant relent
de toxiques restaurants
les servent à leurs clients !
Mais loin derrière la nue
leur pauvre âmette ingénue
dit sa muette chanson
au Paradis-des-poissons,
une mer fraîche et lunaire
pâle comme un poitrinaire,
la Mer de Sérénité
aux longs reflets argentés
où durant l'éternité,
sans plus craindre jamais les
cormorans et les filets,
après leur mort nageront
tous les bons petits poissons !…

Sans voix, sans mains, sans genoux,
sardines, priez pour nous !…

Georges Fourest, La Négresse blonde, 1909

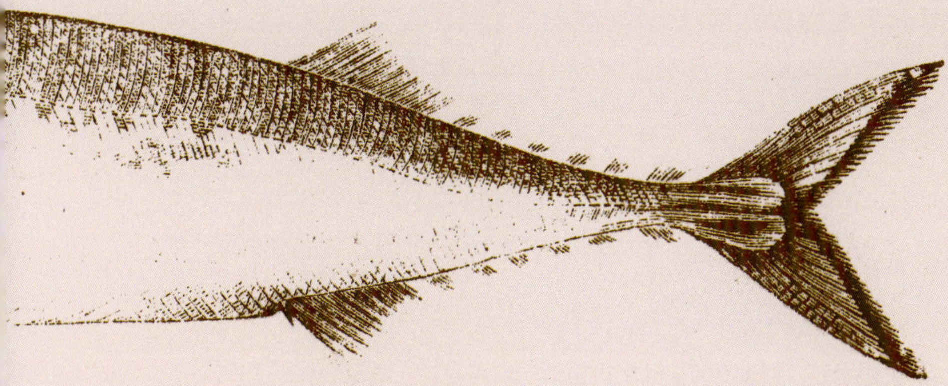

Elle habite loin des marais

Elle habite loin des marais,
Sous la feuillée, au pied du chêne ;
Dans les clairières des forêts,
Sur le chaume et dans les guérets.
Aux champs, elle frétille auprès
Du vieil âne tirant sa chaîne ;
Elle habite loin des marais,
Sous la feuillée, au pied du chêne.

La toute petite grenouille
La regarde et croit voir sa sœur,
Au bord du pacage qui grouille
De fougères couleur de rouille.
Dans sa rigole où l'eau gargouille
Sur son brin de jonc caresseur,
La toute petite grenouille
La regarde et croit voir sa sœur.

Maurice Rollinat, LES NÉVROSES, 1921

Les deux serpents

A FERNAND ICRES

Le serpent est si vieux, si voisin de la mort,
Qu'il ne sort presque plus de son triste repaire,
Où, n'ayant désormais que l'ennui pour compère,
Il végète enfoui comme un ancien remord.

A la longue sa faim s'irrite et s'exaspère,
Mais une herbe laiteuse et d'un facile abord
Nourrit l'infortuné reptile qui se tord,
Et lui verse l'oubli de son passé prospère.

Aussi, quand le soleil le galvanise un peu,
Il se traîne auprès d'elle en rampant comme il pleut,
Et, tout las d'avoir fait ce voyage d'une aune,

Le pauvre vieux serpent famélique et gelé,
Avec des succions de vampire essoufflé,
Pompe et bibe le lait de la plante à fleur jaune.

Maurice Rollinat, LES NÉVROSES, 1921

Impression fausse

Dame souris trotte,
Noire dans le gris du soir,
Dame souris trotte,
Grise dans le noir.

On sonne la cloche ;
Dormez, les bons prisonniers,
On sonne la cloche :
Faut que vous dormiez.

Pas de mauvais rêve :
Ne pensez qu'à vos amours,
Pas de mauvais rêve
Les belles toujours !

Le grand clair de lune !
On ronfle ferme à côté.
Le grand clair de lune
En réalité !

Un nuage passe,
Il fait noir comme en un four,
Un nuage passe
Tiens, le petit jour !

Dame souris trotte,
Rose dans les rayons bleus,
Dame souris trotte :
Debout, paresseux !

Paul Verlaine, PARALLÈLEMENT, 1889

Le tamanoir

Avez-vous vu le Tamablanc
Pain noir pain gris pain bleu pain blanc

Je n'ai jamais vu de Tamablanc.

Avez-vous vu le tamagris
Œil bleu œil blanc œil noir œil gris

Je n'ai jamais vu de Tamagris.

Avez-vous vu le Tamableu
Ciel gris ciel noir ciel blanc ciel bleu

Je n'ai jamais vu de Tamableu.

En revanche j'ai parfaitement vu le
Tamanoir. Il est entré dans son manoir.
Sans allumer un seul de ses bougeoirs,
il a mis ses bottes noires, il les a cirées
avec du cirage noir, il a peigné sa
crinière noire. Il est sorti de son manoir.
Il faisait une nuit noirement noire.
Il a tiré sa langue noire de 41 cm
de long et de 9 mm d'épaisseur,
en forme de cône très allongé.
Il l'a plongée dans la fourmilière et a
empêgué dessus 5335 fourmis rouges
qui avaient l'air de fourmis noires tant
il faisait noir. Et il les a mangées une
par une en dégustant chaque petite
goutte d'acide formique sur la pointe
de sa langue noire de Tamanoir.

Jacques Roubaud, LES ANIMAUX DE PERSONNE, 1991

Comptine de la tortue

— Au milieu que fais-tu,
Ma coquille, ma tortue ?
— le fil-ci, le fil-là.
Je le roule en un beau tas.
— Qu'est-c' qu'a fait ton petit
Pour avoir ainsi péri ?
— Ce sont les blancs chevaux
Qui me l'ont jeté à l'eau.

Comptine grecque anonyme,

Anthologie de la poésie grecque, 1950

La vache

Las de chercher, on a fini par ne pas lui donner de nom.
Elle s'appelle simplement « la vache » et c'est le nom qui lui va le mieux.

D'ailleurs, qu'importe, pourvu qu'elle mange !

Or, l'herbe fraîche, le foin sec, les légumes, le grain et même le pain et le sel, elle a tout à discrétion, et elle mange de tout, tout le temps, deux fois, puisqu'elle rumine.

Dès qu'elle m'a vu, elle accourt d'un petit pas léger, en sabots fendus, la peau bien tirée sur ses pattes comme un bas blanc, elle arrive certaine que j'apporte quelque chose qui se mange. Et l'admirant chaque fois, je ne peux que lui dire :

Tiens, mange !

Mais de ce qu'elle absorbe elle fait du lait et non de la graisse. A heure fixe, elle offre son pis plein et carré. Elle ne retient pas le lait, — il y a des vaches qui le retiennent — généreusement, par ses quatre trayons élastiques, à peine pressés, elle vide sa fontaine. Elle ne remue ni le pied, ni la queue, mais de sa langue énorme et souple, elle s'amuse à lécher le dos de la servante.
Quoiqu'elle vive seule, l'appétit l'empêche de s'ennuyer. Il est rare qu'elle beugle de regret au souvenir de son dernier veau. Mais elle aime les visites, accueillante avec ses cornes relevées sur le front, et ses lèvres affriandées d'où pendent un fil d'eau et un brin d'herbe.
Les hommes, qui ne craignent rien, flattent son ventre débordant ; les femmes, étonnées qu'une si grosse bête soit si douce, ne se défient plus que de ses caresses et font des rêves de bonheur.
Elle aime que je la gratte entre les cornes. Je recule un peu, parce qu'elle s'approche de plaisir, et la bonne grosse bête se laisse faire, jusqu'à ce que j'aie mis le pied dans sa bouse.

Jules Renard, HISTOIRES NATURELLES, 1896

Villanelle du ver de terre

Le malheureux ver de terre
Vit sans yeux, sans dents, tout nu,
Dans l'horreur et le mystère.

Tortueux comme une artère,
C'est un serpent mal venu,
Le malheureux ver de terre.

Jardinet de presbytère,
Et vieux parc entretenu
Dans l'horreur et le mystère

Tentent par leur ombre austère
Et leur calme continu
Le malheureux ver de terre.

Il suit l'étang délétère
Et le buisson biscornu
Dans l'horreur et le mystère.

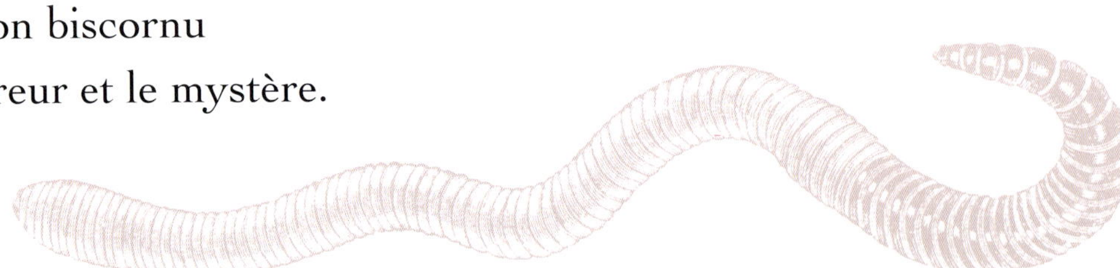

Maurice Rollinat, Les Névroses, 1921

La vipère et la sang-sue

Nous piquons toutes deux, commère,
A la sang-sue un jour disait une vipère,
Et l'homme cependant te recherche et me fuit ;
D'où vient cela ? – D'où vient ?
Répliqua la sang-sue
C'est que ta piqûre le tue,
Et que la mienne le guérit.

Antoine-François Le Bailly, Poèmes, 1753

Copyrights

p. 24, Georges Duhamel, « L'abeille et l'araignée » in *Fables de mon jardin,* 1936, © Mercure de France

p. 32, Rosemonde Gérard, « La biche au bois » in *Les Pipeaux,* 1923, © Fasquelle

p. 44, Guillaume Apollinaire, « La carpe » in *Alcools, Le Bestiaire, Vitam impendere amori,* 1956, © Gallimard

p. 54, Guillaume Apollinaire, « La chenille » in *Alcools, Le Bestiaire, Vitam impendere amori,* 1956, © Gallimard

p. 56, Paul Fort, « Complainte du petit cheval blanc » in *Ballades françaises,* 1896-1958, © Flammarion

p. 64, « Comptine de la chouette » in *Anthologie de la poésie grecque,* 1950, © Stock (traduction)

p. 68, Jacques Roubaud, « Ce que dit le cochon » in *Les Animaux de tout le monde,* 2004, © Seghers Jeunesse

p. 76, Louis Aragon, « Coq » in *Le Nouveau Crève-cœur,* 1948, © Gallimard

p. 84, Jacques Roubaud, « Le crocodile » in *Les Animaux de tout le monde,* 2004, © Seghers Jeunesse

p. 90, Armand Got, « Dromadaire d'abécédaire » in *Bestival,* 1962, © DR

p. 92, Paul Fort, « L'écureuil » in *Ballades françaises,* 1896-1958, © Flammarion

p. 104, Georges Duhamel, « Les messagères » in *Fables de mon jardin,* 1936, © Mercure de France

p. 106, Jacques Roubaud, « La gerboise » in *Les Animaux de personne,* 2004, © Seghers Jeunesse

p. 108, Francis Ponge, « La grenouille » in *Pièces,* 1962, © Gallimard

p. 116, Jacques Roubaud, « La grive » in *Les Animaux de tout le monde,* 2004, © Seghers Jeunesse

p. 134, Adolphe Boschot, « L'aérienne libellule » in *L'Aube de l'amour,* 1900 © DR

p. 138, Georges Duhamel, « Une perte irréparable » in *Fables de mon jardin,* 1936, © Mercure de France

p. 151, Georges Duhamel, « Choix d'une sépulture » in *Fables de mon jardin,* 1936, © Mercure de France

p. 152, Andrée Chédid, « Les mouettes » in *Fêtes et Lubies,* 1973, © Flammarion

p. 154, Ernest de Ganay, « Le retour du troupeau » in *Les Fleurs du silence,* 1911, © DR

p. 160, Jules Supervielle, « L'ours » in *Les Amis inconnus,* 1934, © Gallimard

p. 182, Jules Supervielle, « Les poissons » in *Les Amis inconnus,* 1934, © Gallimard

p. 184, Philéas Lebesgue, « Le poulain » in *Les Servitudes,* 1913, © Mercure de France

p. 188, Georges Duhamel, « Règle de l'équilibre » in *Fables de mon jardin,* 1936, © Mercure de France

p. 194, Pierre Menanteau, « Le rossignol amoureux d'une rose » in *De chair et de feuilles,* 1966, © Seghers

p. 196, Maurice Carême, « Le rouge-gorge et les moineaux » in *La Grange bleue,* 1961, © Fondation Maurice Carême

p. 198, Georges Fourest, « Sardines à l'huile » in *La Négresse blonde,* 1942, © José Corti

p. 206, Jacques Roubaud, « Le tamanoir » in *Les Animaux de personne,* 2004, © Seghers Jeunesse

p. 208, « Comptine de la tortue » in *Anthologie de la poésie grecque,* 1950, © Stock (traduction)

Ouvrage réalisé par Copyright pour les éditions Omnibus
Création graphique et mise en page : Maryse Guittet
Coordination éditoriale : Gracieuse Licari
Photogravure : Peggy Huynh-Quan-Suu
Fabrication : Thomas Lemaître et Cédric Delsart